二十一世纪普通高等院校实用规划教材·经济管理系列

财经基本技能
(第 2 版)

刘海燕　张　娜　王文秀　主　编

清华大学出版社
北　京

内 容 简 介

本书共分 9 章，介绍了财经类专业学生应掌握的各种技能，具体包括会计数字的书写、银行结算凭证的书写、会计凭证的书写、货币的识别、点钞技术、数字录入的操作、电子收款机的操作、POS 的操作和网上银行的操作等内容。通过对本书的学习，使学生能够具备财经工作人员的基本素质，达到财经类基层工作岗位的基本要求。

本书内容丰富、结构合理、思路清晰、语言简练流畅、实用性强，既可以作为财经类本、专科院校的教材，也可以作为高职、中职类学校的教材，还可以作为各银行机构培训班的培训教材和从事财经类工作人员的自学参考资料。

图书在版编目(CIP)数据

财经基本技能/刘海燕，张娜，王文秀主编. —2 版. —北京：清华大学出版社，2018（2021.8重印）
(二十一世纪普通高等院校实用规划教材·经济管理系列)
ISBN 978-7-302-50969-1

Ⅰ. ①财…　Ⅱ. ①刘… ②张… ③王…　Ⅲ. ①会计—高等学校—教材　Ⅳ. ①F23

中国版本图书馆 CIP 数据核字(2018)第 188752 号

责任编辑：陈冬梅
装帧设计：刘孝琼
责任校对：李玉茹
责任印制：丛怀宇

出版发行：清华大学出版社
网　　　址：http://www.tup.com.cn, http://www.wqbook.com
地　　　址：北京清华大学学研大厦 A 座　　　邮　　编：100084
社 总 机：010-62770175　　　　　　　　　邮　　购：010-62786544
投稿与读者服务：010-62776969, c-service@tup.tsinghua.edu.cn
质量反馈：010-62772015, zhiliang@tup.tsinghua.edu.cn
课件下载：http://www.tup.com.cn, 010-62791865

印 装 者：三河市金元印装有限公司
经　　销：全国新华书店
开　　本：185mm×260mm　　　　印　张：11.75　　　　字　数：285 千字
版　　次：2013 年 10 月第 1 版　2018 年 9 月第 2 版　　印　次：2021 年 8 月第 4 次印刷
定　　价：38.00 元

产品编号：079855-01

前　言

"财经基本技能"是财经类本、专科院校的必修课程，通过本书的学习，学生可以比较全面地掌握会计数字的书写、银行结算凭证的书写、会计凭证的书写、货币的识别、点钞技术、数字录入的操作、电子收款机的操作、POS 的操作和网上银行的操作等财经基本技能，从而具备财经工作人员的基本素质，达到财经类基层工作岗位的基本要求。

本书内容丰富、结构合理、思路清晰、语言简练流畅、实用性强。每章的"学习目标"都概述了本章的主要学习内容；每章的正文，在讲述重点和难点的过程中，穿插了大量的极富实用价值的案例和图表；每章末尾都安排了有针对性的理论知识练习题，有助于培养读者的实际动手能力，增强对各种技能的理解和实际应用能力。

本书既可以作为财经类本、专科院校的教材，也可以作为各银行机构培训班的培训教材和从事财经类工作人员的自学参考资料。

本书由刘海燕、张娜、王文秀主编，刘海燕负责设计全书的总体结构。编写的分工如下：刘海燕负责编写第一章、第二章、第三章、第四章、第九章；张娜负责编写第五章、第七章、第八章；王文秀负责编写第六章。

本书在编写过程中，得到了相关金融机构、企业会计人员的大力支持，在此深表感谢。限于作者的水平，书中难免存在缺点和不妥之处，诚挚地希望读者对本书的不足之处给予批评指正，以便修订完善。我们的信箱是：huchenhao@263.net，010-62796045。

编　者

目　　录

第一章 会计数字的书写

【学习目标】

数字的书写是金融、财会工作者应具备的一项基本技能，如何正确、规范和流利地书写阿拉伯数字和大写数字，是财经类院校的学生应掌握的基本功。本章主要讲解会计数字的书写方法，掌握阿拉伯数字的标准写法和中文大写数字的标准写法，做到书写正确、清晰、整洁、美观。

第一节 阿拉伯数字的书写

一、阿拉伯数字的发展历史

(一)阿拉伯数字的起源

古时候，印度人把一些横线刻在石板上表示数，一横表示 1，两横表示 2……后来，他们改用棕榈树叶或白桦树皮作为书写材料，并把一些笔画连了起来。公元 3 世纪，印度的一位科学家巴格达发明了阿拉伯数字，阿拉伯数字对照表如图 1-1 所示。

图 1-1 阿拉伯数字对照表

(二)阿拉伯数字的发展

公元 8 世纪，印度一位叫堪克的数学家，携带数字书籍和天文图表，随着商人的驼群，来到了阿拉伯的首都巴格达城。这时，中国的造纸术正好也传入阿拉伯。于是，他的书籍很快被翻译成阿拉伯文，在阿拉伯半岛上流传开来，阿拉伯数字也随之传播到阿拉伯各地。

随着东西方商业的往来，公元 12 世纪，这套数字由阿拉伯商人传入欧洲。欧洲人很喜爱这套方便适用的计数符号，他们以为这是阿拉伯人发明的，就把它称为阿拉伯数字，造成了这一历史的误会。尽管后来人们知道了事情的真相，但由于习惯了，就一直没有改正过来。阿拉伯数字传入欧洲各国后，由于辗转传抄，模样儿也逐渐发生了变化，经过 1 000

多年的不断改进，到了 1480 年时，这些数字的写法才与现在的写法差不多。1522 年，当阿拉伯数字在英国人同斯托的书中出现时，已经与现在的写法基本一致了。

(三)阿拉伯数字在我国的应用

由于阿拉伯数字及其所采用的十进位制记数法具有许多优点，因此逐渐传播到全世界，为世界各国所使用。阿拉伯数字传入中国，大约是 13—14 世纪。由于中国古代有一种数字叫"筹码"，写起来比较方便，所以阿拉伯数字当时在我国并没有得到及时的推广运用。20 世纪初，随着我国对外国数学成就的吸收和引进，阿拉伯数字在我国才开始慢慢使用，阿拉伯数字在我国推广使用只有 100 多年的历史。阿拉伯数字现在已成为人们学习、生活和交往中最常用的数字了。

二、阿拉伯数字书写的优缺点

(一)优点

阿拉伯数字是国际上通用的一种数字符号，即 0，1，2，3，4，5，6，7，8，9。这 10 个数字符号，是为了计数和算术运算而采用的约定写法，是国际通用的数码，也称为阿拉伯数码。它具有笔画简单、结构巧妙和书写方便等特点，很快传遍世界各地。阿拉伯数字采取位值法，高位在左，低位在右，从左往右书写。借助一些简单的数学符号(小数点、负号等)，它自成一个计数表意系统。这个系统可以明确地表示所有的有理数。为了表示极大或极小的数字，人们在阿拉伯数字的基础上创造了科学记数法。这是人类文明进步的一大重要表现和文明成果。阿拉伯数字可以带来一系列的简化效果。在会计簿记中，之所以大范围地使用阿拉伯数字，正是由于它容易书写，可以使一系列的有关记录、核算工作大大简化。

(二)缺点

阿拉伯数字本身没有计算功能。这是阿拉伯数字的一个重要缺陷。例如，4+3＝7，由 4、3 这两个数字符号是不能直接变成 7 的，必须使用其他方法求出得数而完成计算。同时，阿拉伯数字容易被涂改。例如，1 容易被改成 6、7、9，2 容易被改成 3，3 容易被改成 8，7 容易被改成 9 等，这对记录数据是非常不利的。

三、阿拉伯数字的书写要求

(一)阿拉伯数字书写的基本要求

数字是会计核算中反映计算成果的记录。通常在账、表、凭证上书写的数字主要有两种形式：一种是中文大写金额数字，主要用于填写收款收据、支款凭证、存款单、取款单、汇款单、支票、发货票等重要凭证；另一种是阿拉伯数字，通常用在各种原始凭证、记账凭证、账簿和报表上。阿拉伯数字与中文大写金额数字有不同的书写要求，但其基本要求都是正确、规范、清晰、整洁、美观。

1. 正确

正确是指对所发生的经济业务，一定要正确反映其内容，所用文字与数字一定要书写正确。

2. 规范

规范是指对有关经济活动的记录一定要符合会计法规的各项规定，符合对财会人员的要求。无论是记账、核算还是编制报表，都要书写规范。

3. 清晰

清晰是指账目条理清晰，书写时字迹清楚，无模糊不清及涂改现象。

4. 整洁

整洁是指账面整洁，横排、竖排整齐分明，书写工整，不潦草，无大小不均、参差不齐等现象。

5. 美观

美观是指结构安排合理，字迹流畅，字体大方。

(二)阿拉伯数字书写的具体规范

阿拉伯数字的书写是会计人员应掌握的基本功。重视会计工作中数字书写的训练，有助于会计人员素质的提高。

财会工作中，尤其是会计记账过程中，阿拉伯数字的书写同普通的汉字书写有所不同，且已经约定俗成，形成会计数字的书写格式。阿拉伯数字在单据和账表上的书写与普通书写有所不同，其规定更加严格、规范。

1. 字体规范

书写数字应自上而下，先左后右，紧靠底线，不要悬空。一般来讲，每位数字约占预留空格(或空行)的 1/2 位置，各位数字之间一般不要相连，不可预留间隔(以不能增加数字为好)；每位数字上方预留 1/2 空格位置，以供更正错误记录时使用。

2. 字形规范

各数字自成体形，大小匀称，笔顺清晰，合乎手写体习惯，流畅、自然、不刻板。书写时字迹要工整，阿拉伯数字一律向右倾斜，数字与底线的夹角一般为 60 度，并以向右下方倾斜为好。

3. 书写顺序规范

应按照自左向右的顺序书写，不可逆方向书写；在没有印刷数字格的会计书写中，同一行相邻数字之间应空出半个数字的位置。

4. 笔画规范

除 4、5 以外的单个数字，均应一笔写成，不能人为地增加数字的笔画。并注意整个数字要书写规范、流利、工整、清晰、易认不易改。

5. 数位对应规范

如在会计运算或会计工作底稿中，运用上下几行数额累计加减时，应尽可能地保证纵向累计数字的位数对应，以免产生计算错误。

6. 三位分节制

使用分节号能够较容易地辨认数的数位，有利于数字的书写、阅读和计算。我国过去以四位数为一节，后按国际惯例，数的整数部分采用三位分节制，从个位自右向左每三位数用分节号","分开，即"三位一撇"，并在个位的右下角加列小数点，如 48,570.88。这里有个口诀可以加深对三位分节制的理解：个十百千万，三位分节断，一节前千位，二节前百万，三节前十亿，好读又好看。但国际上不用","，而以空格代替，带小数的数，应将小数点记在个位与十分位之间的下方。一般账表凭证的金额栏印有分位格，元位前每三位印一粗线代表分节号，元位与角位之间的粗线则代表小数点，记数时不需要再另加分节号或小数点。

7. 使用人民币符号

阿拉伯金额数字前应当书写货币币种符号(如人民币符号"¥")或者简写货币名称和币种符号，币种符号与阿拉伯金额数字之间不得留有空白。凡在阿拉伯金额数字前面写有币种符号的，数字后面不再写货币单位(如人民币"元")。在填写凭证时，小写金额前一般均冠以人民币符号"¥"，且在"¥"与数字之间，不能留有空位，以防止金额数字被涂改。在登记账簿、编制报表时，不能使用"¥"符号，因为账簿、报表上，不存在金额数字被涂改而造成损失的情况。在账簿或报表上如果使用"¥"符号，反而会增加错误的可能性。

8. 省略写法

所有以元为单位的阿拉伯数字，除表示单价等情况外，一律在元位小数点后填写到角分，无角分的，角、分位可写"00"或符号"/"，有角无分的，分位应写"0"，不得用符号"/"代替。

(三)阿拉伯数字在凭证账表上的书写要求

在有金额分位格的账表凭证上，对于不易写好、容易混淆且笔顺相近的数字，更应尽可能地按标准字体书写，区分笔顺，避免混同，以防涂改。

阿拉伯数字的宽窄和长短比例要匀称，力求美观、大方，具体书写示范如图 1-2 所示。

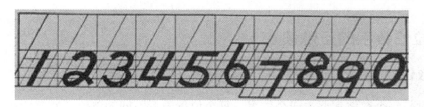

图 1-2 凭证、账表中阿拉伯数字书写示范

1. 高度要求

书写数字时，应使每位数字(7、9 除外)紧靠底线且不要顶满格(行)。为防止被模仿或涂改，除 6、7、9 以外，其他数字的大小、高低要求一致。6 的竖画可上拉至一般数字的 1/4，7、9 的竖画可下拉出格至一般数字的 1/4。

2. "1"的书写

"1"的下端要紧靠分格位的左下角，"1"应居中写并不可写得过短，以防被改为 4、6、7、9。

3. "2"的书写

"2"的底部上绕，以免被改为 3。

4. "4"的书写

"4"的顶部不封口，两竖要平行。写第 1 笔画时应上抵中线，下至下半格的 1/4 处，并注意"4"的中竖要明显比 1 短。

5. "6"的书写

"6"的竖画应偏左，4、7、9 的竖画应偏右，此外，6 的竖画应上提为一般数字的 1/4；书写 6 时下圆要明显，以防止改写为 8。

6. "8"的书写

"8"的上方不能开口，8 有两种笔顺，都起笔于右上角，结束于右上角，上边要稍小，下边稍大，可以斜 S 起笔，也可直笔起笔，终笔与起笔交接处应成菱角，以防止将 3 改为 8。

7. "9"的书写

"9"不能开口和留尾巴。

8. "0"的书写

"0"的高度、宽度和斜度与一般数字相同，不能有缺口，不能带尾巴，6、8、9、0 的圆圈必须封口。

四、阿拉伯数字的正确读法

(一)数位

写数时，每个数字都要占一个位置，每个位置表示不同的单位。数字所在位置表示的单位，称为数位。数位按照由小到大、从右到左的顺序排列，如表 1-1 所示，但写数和读数的习惯顺序是由大到小、从左到右的。

表 1-1 数位排列表

数位	万万位	千万位	百万位	十万位	万位	千位	百位	十位	个位	十分位	百分位	千分位	万分位	十万分位	百万分位
读法	亿	千万	百万	十万	万	千	百	十	个	分	厘	毫	丝	忽	微

(二)数的读法

1. 万以下数的读法

对于万位以下的数，每读出一个数字，接着读出该数字所在的位数。如 12 345，应读作壹万贰仟叁佰肆拾伍。

2. 万以上数的读法

对于万位以上的数，每读出一个数字，接着只读出该数字所在位数的第一个字。如 23 568 147，应读作贰仟叁佰伍拾陆万捌仟壹佰肆拾柒。

3. 中间有零的数的读法

数字中间有零的，不论是一个零或连续几个零，都只读一个零而不读出其所在的位数。例如，77 058 读作柒万柒仟零伍拾捌，800 025 读作捌拾万零贰拾伍。

4. 后面有零的数的读法

数字末尾有零的数的读法，既不读零，也不读零所在的位数。例如，8 000 读作捌仟，5 700 读作伍仟柒佰。

第二节 中文大写数字的书写

账、证、表的文字与数字的书写都是会计人员的重要基本功。凭证的处理、账簿的登记、报表的编制都需要用规范的文字和数字加以表达，应当做到正确、清晰，便于识别，不易涂改。

一、中文大写数字书写的有关规定

中文大写金额数字的书写庄重、笔画繁多、可防窜改，有利于避免混乱和经济利益流失。故书写时应一律使用正楷或者行书体书写，字迹要清楚、工整，不得用中文小写一、二、三、四、五、六、七、八、九、十或两、毛、另(或 0)等字样代替，不得任意自造简化字。大写数字由数码和数位两部分组成。

数码：零、壹、贰、叁、肆、伍、陆、柒、捌、玖。

数位：元、拾、佰、仟、万、亿。

二、中文大写数字的书写规范

(一)"人民币"的用法

中文大写金额数字前应标明"人民币"字样，大写金额数字应紧接"人民币"字样填写，不得留有空白。大写金额数字前未印"人民币"字样的，应加填"人民币"三个字，在票据和结算凭证大写金额栏内不得预印固定的"仟、佰、拾、万、仟、佰、拾、元、角、分"字样。

(二)"整"的用法

中文大写金额数字到"元"为止的，在"元"后面应写"整"(或"正")字；在"角"后面应写"整"(或"正")字；大写金额数字有"分"的，"分"后面不写"整"(或"正")字。

(三)"零"的写法

阿拉伯数字小写金额数字中有"0"时，中文大写应按照汉语语言规律、金额数字构成和防止涂改的要求进行书写。

1. 阿拉伯数字中间有一个"0"

中文大写数字要写"零"字，如¥1 509.00 应写成人民币壹仟伍佰零玖元整。

2. 阿拉伯数字中间连续有几个"0"

中文大写数字中间可以只写一个"零"字，如¥7 007.23 应写成人民币柒仟零柒元贰角叁分。

3. 阿拉伯数字的万位和元位是"0"，或者数字中间连续有几个"0"

万位、元位是"0"，但千位、角位不是"0"时，中文大写数字中可以只写一个零字，也可以不写"零"字，如¥5 680.37 应写成人民币伍仟陆佰捌拾元零叁角柒分，或者写成人民币伍仟陆佰捌拾元叁角柒分，又如¥107 000.53 应写成人民币壹拾万柒仟元零伍角叁分，或者写成人民币壹拾万零柒仟元伍角叁分。

4. 阿拉伯数字角位是"0"、分位不是"0"

中文大写数字"元"后面应写"零"字，如¥16 409.02 应写成人民币壹万陆仟肆佰零玖元零贰分，又如¥325.04 应写成人民币叁佰贰拾伍元零肆分。

练 习 题

(1) 阿拉伯数字小写书写实训(参照规范化的阿拉伯数字书写)。

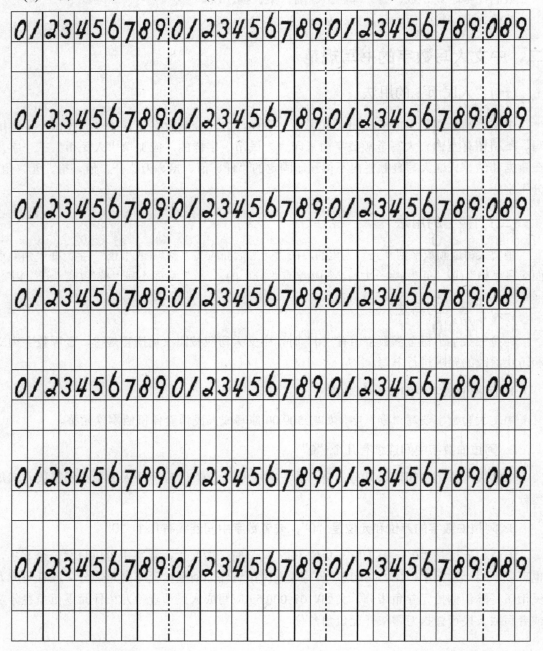

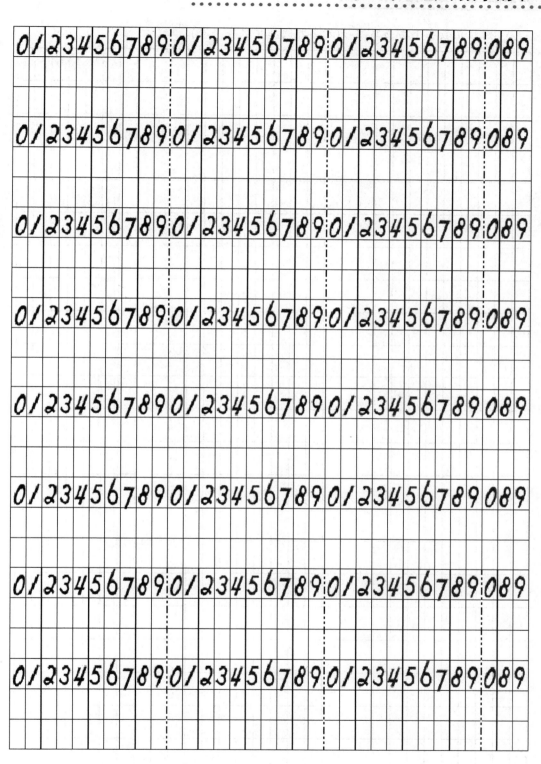

(2) 阿拉伯数字小写书写练习(无参照阿拉伯数字书写)。

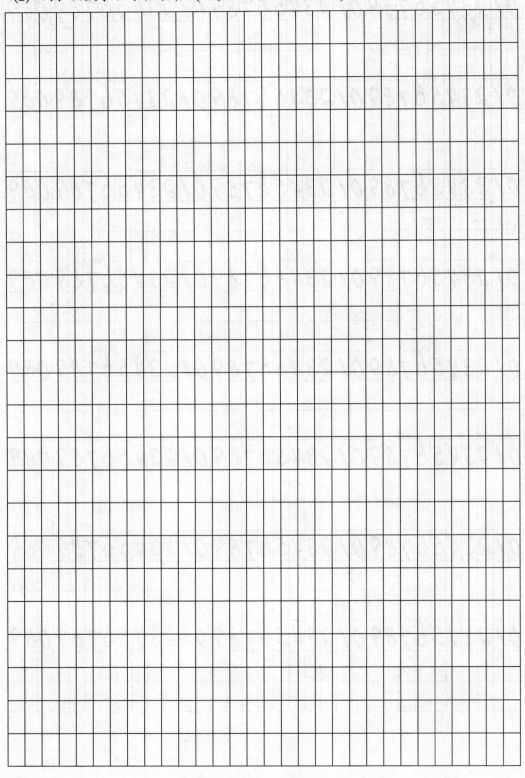

(3)　阿拉伯数字小写书写练习(无数位线数字的书写)。

¥923.4	¥58 219.07	¥8 306.92	¥69 218.00	¥6 835.47	¥35 284.90

(4)　大写数字书写练习(用楷体和行楷书写)。

零						零				
壹						壹				
贰						贰				
叁						叁				
肆						肆				
伍						伍				
陆						陆				
柒						柒				
捌						捌				
玖						玖				
拾						拾				
佰						佰				
仟						仟				
万						万				
亿						亿				
元						元				
角						角				
分						分				
整						整				

(5) 大写数字书写练习(用楷体和行楷书写)。

人民币贰拾柒元伍角肆分	人民币柒万肆仟伍佰零贰元捌角陆分
人民币伍仟贰佰万零玖佰柒拾捌元整	人民币玖仟叁佰元零伍角整
人民币叁仟万零贰拾元整	人民币贰拾肆万零捌佰零壹元零玖分
人民币叁仟万零贰拾元整	人民币壹拾万元整
人民币玖角捌分	人民币陆佰万元零柒分

(6) 用阿拉伯数字写出下列金额(写"¥"符号)。

① 人民币贰拾柒元伍角肆分　　　　　　　应写成＿＿＿＿＿＿＿＿＿

② 人民币伍仟贰佰万零陆仟玖佰柒拾捌元整　应写成＿＿＿＿＿＿＿＿＿

③ 人民币叁仟万零贰拾元整　　　　　　　　应写成＿＿＿＿＿＿＿＿＿

④ 人民币壹拾玖万零贰拾叁元整　　　　　　应写成＿＿＿＿＿＿＿＿＿

⑤ 人民币玖角捌分　　　　　　　　　　　　应写成＿＿＿＿＿＿＿＿＿

⑥ 人民币柒万肆仟伍佰零贰元捌角陆分　　　应写成＿＿＿＿＿＿＿＿＿

⑦ 人民币玖仟叁佰元零伍角整　　　　　　　应写成＿＿＿＿＿＿＿＿＿

⑧ 人民币贰拾肆万零捌佰零壹元零玖分　　　应写成＿＿＿＿＿＿＿＿＿

⑨ 人民币壹拾万元整　　　　　　　　　　　应写成＿＿＿＿＿＿＿＿＿

⑩ 人民币陆佰万元零柒分　　　　　　　　　应写成＿＿＿＿＿＿＿＿＿

(7) 用中文大写数字写出下列金额。

① ¥28 703.49　　　应写成＿＿＿＿＿＿＿＿＿＿＿＿＿＿＿

② ¥160 000.00　　　应写成＿＿＿＿＿＿＿＿＿＿＿＿＿＿＿

③ ¥580.20　　　应写成＿＿＿＿＿＿＿＿＿＿＿＿＿＿＿

④ ¥3 000 070.10　　　应写成＿＿＿＿＿＿＿＿＿＿＿＿＿＿＿

⑤ ¥60 104.09　　　应写成＿＿＿＿＿＿＿＿＿＿＿＿＿＿＿

⑥ ¥109 080.80　　　应写成＿＿＿＿＿＿＿＿＿＿＿＿＿＿＿

⑦ ¥206 054.03　　　应写成＿＿＿＿＿＿＿＿＿＿＿＿＿＿＿

⑧ ¥80 001.20　　　应写成＿＿＿＿＿＿＿＿＿＿＿＿＿＿＿

⑨ ¥76 003 000.00　　　应写成＿＿＿＿＿＿＿＿＿＿＿＿＿＿＿

⑩ ¥96 274.58　　　应写成＿＿＿＿＿＿＿＿＿＿＿＿＿＿＿

第二章　银行结算凭证的书写

【学习目标】

银行结算票据的填写是金融、财会工作者必须具备的一项基本技能。本章主要介绍如何正确、规范地填写银行汇票、银行本票、商业汇票、支票、委托收款、托收承付等银行结算票据。通过本章的学习，应掌握各种票据的标准写法，做到书写标准化、规范化，数字正确，字迹清晰。

第一节　银行结算凭证的书写要求

银行、单位和个人填写的各种银行票据和结算凭证是办理各种银行结算业务的重要依据，直接关系到收付结算的准确性、及时性和安全性，是记载经济业务和明确经济责任的一种书面证明。因此，填写银行票据和结算凭证，必须做到正确、清晰、整洁和美观。

1. 填写字体要求

银行结算凭证中的中文大写金额数字应用正楷或行书填写，不得自造简化字，并且应与小写数字一致。

2. 填写日期要求

票据的出票日期必须使用中文大写数字，为防止变造票据的出票日期，在填写月、日时，月为壹、贰和壹拾的，日为壹至玖和壹拾、贰拾、叁拾的，应在其前加"零"；日为拾壹至拾玖的应在其前加"壹"，如 1 月 15 日应写成零壹月壹拾伍日，再如 10 月 20 日应写成零壹拾月零贰拾日。

3. 银行拒绝受理情况

票据出票日期使用小写数字填写的，银行不予受理；大写数字日期未按要求规范填写的，银行可予受理，但由此造成损失的由出票人自行承担。

4. 银行可以通融处理情况

金融与财会部门在日常业务往来中，经常要用中文来书写金额数字，为此，财政部、中国人民银行和中国文字改革委员会早在 1963 年就联合下发通知，规定了凭证的填写方法，1984 年财政部又在《会计人员工作规则》中再次予以明确。中国人民银行也多次作了布置和指示，针对银行在审查各种凭证时大、小写金额数字方面可能出现的问题，又作出以下几点规定。

(1)　如果有的单位书写中文大写金额数字时使用繁体字，可以通融受理。

(2)　中文大写金额数字到"角"为止，如果"角"位后没写"整"字的，可通融受理。

（3）中文大写金额数字有"分"位的，"分"字后面多写了"整"字的，可通融受理。

（4）阿拉伯数字小写金额如 801 002.06，中文大写金额写成人民币捌拾万壹仟零贰元零陆分时，可以通融受理。

第二节　支票的书写

一、支票概述

(一)支票的概念

支票是出票人签发，委托办理支票存款业务的银行或者其他金融机构在见票时无条件支付确定的金额给收款人或持票人的一种票据。

(二)支票的背书

支票一经背书即可流通转让，具有通货作用，成为替代货币发挥流通手段和支付手段职能的信用流通工具。运用支票进行货币结算，可以减少现金的流通量，节约货币流通费用。

(三)支票的适用范围

同城票据交换地区内的单位和个人之间的一切款项结算，均可使用支票。

(四)支票结算的特点

支票结算的特点如下。

（1）简便，是指使用支票办理结算时手续简便。只要付款人在银行有足够的存款，它就可以签发支票给收款人，银行凭支票就可以办理款项的划拨或现金的支付。

（2）灵活，是指付款方式灵活。支票可以由付款人向收款人签发并直接办理结算，也可以由付款人出票并委托银行主动付款给收款人。另外，转账支票在指定的城市还可以背书转让。

（3）迅速，是指结算快速，收款人将转账支票和进账单送交银行，一般当天或次日即可入账，而使用现金支票当时即可取得现金。

（4）可靠，是指银行严禁签发空头支票。各单位必须在银行存款余额内才能签发支票，收款人凭支票就能取得款项，一般不存在无法正常支付的情况。

(五)支票的分类

开立支票存款账户和领用支票，必须有可靠的资信，并存入一定的资金。支票分为普通支票、现金支票、转账支票三种。

普通支票可以用于支取现金，也可以用于转账。但在普通支票左上角划两条平行线的，为划线支票，只能用于转账，不能支取现金。

现金支票只能用于支取现金，它可以由存款人为本单位签发用于到银行提取现金，也可以签发给其他单位和个人用来办理结算或者委托银行代为支付现金给收款人。

转账支票只能用于转账，它适用于存款人给同一城市范围内的收款单位划转款项，以办理商品交易、劳务供应、清偿债务和其他往来款项结算。

(六)支票的使用方法

(1) 支票一律记名，转账支票可以背书转让，但用于支取现金的支票不得背书转让。

(2) 支票的提示付款期为十天(从签发支票的当日起，到期遇节假日顺延)。

(3) 支票签发的日期、大小写金额数字和收款人名称不得更改，其他内容有误，可以划线更正，并加盖预留银行印鉴之一来证明。

(4) 支票发生遗失，可以向付款银行申请挂失；挂失前已经产生支付的，银行不予受理。

(5) 出票人签发空头支票、印章与银行预留印鉴不符的支票、使用支付密码但支付密码错误的支票，银行除将支票做退票处理外，还要按票面金额处以 5%但不低于 1 000 元的罚款。

二、支票书写的基本要求

在实际工作中，会计人员应尽量避免差错，书写支票时应注意以下事项。

(1) 只能用蓝色或者黑色的签字笔(钢笔)填写。

(2) 填写支票的日期时，中文大写金额数字应用正楷或行书填写，不得自造简化字。

(3) 填写支票金额时，一定要顶行写，字体要均匀。

(4) 填写用途一定要简洁、明了、合法。

(5) 支票的密码要注意不能写错。

(6) 支票不能涂改、挖补。

三、现金支票的书写

(一)现金支票书写的具体要求

(1) 填写现金支票出票日期：要求使用大写数字。

(2) 填写现金支票收款人：单位提取现金的，填写该单位名称；个人提取现金的，写收款人个人姓名。

(3) 填写付款行名称、出票人账号：即为付款单位开户银行名称及银行账号，账号要求为小写数字。

(4) 填写大、小写金额数字：在书写时要顶格不要留空位，若留空位的话容易让他人添加文字造成支票大小写金额数字不符，小写最高金额数字的前一位空白格书写人民币符号"￥"，数字填写要求完整清楚。

(5) 填写用途：现金支票有一定限制要求，一般 5 万元以内的填写"备用金""差旅费""工资""劳务费"等。

(6) 支票正面盖财务专用章和法人章:与单位开户时的预留银行印鉴一致,缺一不可,印泥为红色,印章必须清晰,印章模糊的支票只能作废,换一张重新填写和盖章。

(7) 支票左边的支票存根填写要求:收款人名称可以简写,领取人需要签字或盖章,金额可以小写,用途必须写,便于做账。

(8) 支票背面:单位提取现金的,盖上单位的财务章和法人章,之后收款人可凭现金支票直接到开户银行提取现金。个人提取现金的,现金支票背面不盖任何章,收款人在现金支票背面填上身份证号码和发证机关名称,凭身份证和现金支票签字领款即可。

(二)现金支票的书写案例

例1:2013 年 3 月 8 日,明月股份有限公司采购部张小文出差,需预借差旅费 8 000 元,出纳员发现库存现金不够支付,因此开出一张金额为 8 000 元的一般存款账户(开户行:中国农业银行广安支行,账号:353-348-787)的现金支票给张小文。请以出纳员身份填写现金支票,如表 2-1 所示。

表 2-1　现金支票正面的书写

现金支票存根	现金支票							X Ⅵ00497458
X Ⅵ00497458 附加信息 ------------------ 出票日期 2013 年 3 月 8 日 收款人: 张小文 金 额: ¥8 000.00 用 途: 差 旅 费 单位主管　会计	出票日期(大写)贰零壹叁　年　叁 月　零捌 日　付款行名称:中国农业银行广安支行							
	收款人: 张小文				出票人账号: 353-348-787			
	人民币	十	万	千	百	十	元	角	分
	(大写)捌仟元整		¥	8	0	0	0	0	0
	用途　　差旅费	密码						
	上列款项请从							
	我账户内支付							
	出票人签章			复核		记账		

采购部张小文(身份证号 230101199012130035,发证机关:哈尔滨市香坊分局)凭身份证及现金支票去银行取现,需在现金支票背面填写个人信息,如表 2-2 所示。

表 2-2　现金支票背面的书写

附加信息																		粘贴单处
							收款人签章　张小文											
							2013 年 3 月 8 日											
	身份证件名称:　身份证　　发证机关:哈尔滨市香坊分局																	
	2	3	0	1	0	1	1	9	9	0	1	2	1	3	0	0	3	5

四、转账支票的书写

(一)转账支票书写的具体要求

(1) 填写转账支票的出票日期：要求使用大写数字。

(2) 填写转账支票的收款人：填写对方单位的名称。

(3) 填写转账支票的付款行名称、出票人账号：即为本单位开户银行名称及银行账号，账号要求用小写数字。

(4) 填写转账支票大、小写金额：书写时要顶格不要留空位，若留空位的话容易让他人添加文字造成支票大小写金额数字不符，小写金额数字前面要填写人民币符号"¥"。

(5) 填写转账支票的用途：单位转账付款的原因，可填写如"货款""代理费"等。

(6) 转账支票正面盖上单位财务专用章和法人章：与开户时的预留银行印鉴一致，缺一不可办理。

(7) 转账支票左边的支票根填写：收款人名称可以简写，领取人需要签字或盖章，金额数字可以小写，用途必须填写，便于做账。

(8) 转账支票背面本单位不盖章：收款单位取得转账支票后，在支票背面被背书栏内加盖收款单位财务专用章和法人章，填写好银行进账单后连同该支票交给收款单位的开户银行。

(二)转账支票的书写案例

例2：2013 年 3 月 10 日，明月股份有限公司通过一般存款账户(开户行：中国银行开发支行 账号：133-367-574)转账支付工程款 50 000 元给泰山股份有限公司(开户行：中国农业银行广安支行 账号：185-970-655)，出纳员据以填写转账支票一张，如表 2-3 所示。

表 2-3 转账支票正面的书写

转账支票存根	转账支票									X VI00497469
X VI00497469 附加信息 ------------------------ 出票日期 2013 年 3 月 10 日	出票日期(大写)贰零壹叁　年　叁 月　零壹拾日　付款行名称：中国银行开发支行									
	收款人：泰山股份有限公司　　　　　　　　　　　出票人账号：133-367-574									
收款人：泰山公司_____	人民币		十	万	千	百	十	元	角	分
金　额：¥50 000.00	(大写)伍万元整		¥ 5	0	0	0	0	0	0	
用　途：工 程 款_____	用途　　工程款　　　　　密码_____									
	上列款项请从									
	我账户内支付									
单位主管　　会计	出票人签章　　　　　　　　复核　　　　记账									

3 月 12 日，泰山股份有限公司将支票背书给立方公司，如表 2-4 所示。

表2-4　转账支票背面的书写

附加信息	被背书人	被背书人	粘贴单处
	背书人签章　泰山股份有限公司	背书人签章	
	2013 年 3 月 12 日	年　月　日	

五、支票书写的注意事项

(1) 支票正面不能有涂改痕迹，否则本支票作废。

(2) 受票人如果发现支票填写不全，可以补记，但不能涂改。

(3) 支票的有效期为 10 天，日期首尾算一天，节假日顺延。

(4) 支票见票即付，不记名。

(5) 出票单位现金支票背面有印章盖模糊了，可把模糊印章打叉，重新再盖一次，背面不能超过三个印章。

(6) 在支票左上角划两道斜线可以防止支票丢失后被人取现，即只能通过银行转账。

六、支票审核的内容

(1) 支票是否是统一规定印制的凭证，支票是否真实，提示付款期限是否超过。

(2) 支票必须记载的事项是否齐全，出票金额、出票日期、收款人名称是否更改，其他记载事项的更改是否由原记载人签章证明。

(3) 出票人的签章是否符合规定，并折角核对其签章与预留银行签章是否相符，使用支付密码的，其密码是否正确。

(4) 支票的大小写金额数字是否一致。

(5) 支票出票人账户是否有足够支付的款项。

(6) 支取的现金是否符合国家现金管理的规定。

(7) 现金支票填写的收款人名称是否为该收款人，收款人是否在支票背面"收款人签章"处签章，其签章是否与收款人名称一致；收款人为个人的，还应审查其身份证件，是否在支票背面"收款人签章"处注明身份证件名称、号码及发证机关。

七、支票的挂失

(一)现金支票的挂失

已经签发的现金支票，如因遗失、被盗等原因而丧失的，应立即向所发银行申请挂失。

(1) 出票人将已经签发、内容齐备的能直接支取现金的支票遗失或被盗等，应当出具公函或有关证明，填写两联挂失申请书(可以用进账单代替)，加盖预留银行的签名式样和印鉴，向开户银行申请挂失止付。银行查明该支票已经支付的，不予挂失，损失由单位承担，银行不承担责任；确未支付的，收取一定的挂失手续费后受理挂失，在挂失人账户中用红笔注明支票号码及挂失的日期。

(2) 收款人将收受的能直接支取现金的支票遗失或被盗等，也应当出具公函或有关证明，填写两联挂失止付申请书，经付款人签章证明后，到付款人开户银行申请挂失止付。其他有关手续同上。

(二)转账支票的挂失

已经签发的转账支票，如因遗失、被盗等原因而丧失的，应立即向银行申请挂失。失票人在票据丧失后，可以向人民法院申请公示催告经签发的转账支票已遗失或被盗等，由于这种支票可以直接持票购买商品，所以失票人不能向银行申请挂失止付。但可以请求收款人及其开户银行协助防范。如果丧失的转账支票超过有效期或者挂失之前已经由付款银行支付票款的，由此所造成的一切损失，均由失票人自行负责。

第三节　银行本票的书写

一、银行本票概述

(一)银行本票的概念

银行本票是申请人将款项交存银行，由银行签发并承诺自己在见票时无条件支付确定的金额给收款人或者持票人的票据。

(二)银行本票的背书

银行本票的收款人可以将银行本票背书转让给被背书人。

(三)银行本票的适用范围

银行本票的适用范围为同一票据交换区域内的单位和个人的各种款项结算。

(四)银行本票的特点

银行本票，见票即付，当场抵用，付款保证程度高。与其他银行结算方式相比，银行本票结算具有如下特点。

(1) 使用方便。我国现行的银行本票使用方便灵活。单位、个体和个人不管其是否在银行开户，他们之间在同城范围内的所有商品交易、劳务供应以及其他款项的结算都可以使用银行本票。收款单位和个人持银行本票可以办理转账结算，也可以支取现金，同样也可以背书转让。银行本票见票即付，结算迅速。

(2) 信誉度高，支付能力强。银行本票是由银行签发，并于指定到期日由签发银行无条件支付，因而信誉度很高，一般不存在得不到正常支付的问题。其中定额银行本票由中国人民银行发行，不存在票款得不到兑付的问题。不定额银行本票由各大国有商业银行签发，由于其资金力量雄厚，因而一般也不存在票款得不到兑付的问题。

(五)银行本票的分类

银行本票分为定额银行本票和不定额银行本票两种。

(1) 定额银行本票在凭证上会预先印有固定面额，一般面额为 1 000 元、5 000 元、1 万元和 5 万元。

(2) 不定额银行本票签发时根据实际需要填写金额，并用压数机压印金额。

(六)银行本票的使用方法

(1) 银行本票可以用于转账，填明"现金"字样的银行本票，也可以用于支取现金；申请人或收款人为单位的，不得申请签发现金银行本票。

(2) 出票银行受理银行本票申请书，收妥款项签发银行本票。用于转账的，在银行本票上划去"现金"字样；申请人和收款人均为个人需要支取现金的，在银行本票上划去"转账"字样。

(3) 不定额银行本票用压数机压印出票金额。出票银行在银行本票上签章后交给申请人，申请人应将银行本票交付给本票上记明的收款人。

(4) 银行本票可以背书转让，填明"现金"字样的银行本票不能背书转让。

(5) 银行本票的提示付款期限自出票日起 2 个月内。

(6) 在银行开立存款账户的持票人向开户银行提示付款时，应在银行本票背面"持票人向银行提示付款签章"处签章，签章须与预留银行签章相同。未在银行开立存款账户的个人持票人，持注明"现金"字样的银行本票向出票银行支取现金时，应在银行本票背面签章，记载本人身份证件名称、号码及发证机关。

(7) 银行本票丧失，失票人可以凭人民法院出具的享有票据权利的证明，向出票银行请求付款或退款。

二、银行本票申请书的书写

(一)银行本票申请书书写的具体要求

申请人使用银行本票，应填写"银行本票申请书"，填明收款人名称、申请人名称、支付金额、申请日期等事项并签章。申请人和收款人均为个人需要支取现金的，应在"支付金额"栏先填写"现金"字样，后填写支付金额。

(二)银行本票申请书的书写案例

例3：2013 年 3 月 1 日，宏达有限公司通过一般存款账户(开户行：中国工商银行开发支行 账号：854-532-636)申请办理银行本票一张，用于支付货款 100 000 元给海华有限公司(开户行：中国农业银行顺义支行 账号：421-658-697)，代理付款行为中国农业银行广安支行，出纳员需填写银行本票申请书，如表 2-5 所示。

表 2-5 银行本票申请书的书写

银行本票申请书

申请日期：2013 年 3 月 1 日

申 请 人	宏达有限公司	收 款 人	海华有限公司									
账 号 或 住 址	854-532-636	账 号 或 住 址	421-658-697									
用 途	购货	代理付款行	中国农业银行广安支行									
应 付 金 额	人民币(大写)壹拾万元整			千	百	十	万	千	百	十	元	角	分
				¥	1	0	0	0	0	0	0	0	0
备注		科 目 对方科目 财务主管 复核 经办										

三、银行本票的书写

(一)银行本票书写的具体要求

银行本票的出票人为经中国人民银行当地分支行批准办理银行本票业务的银行机构，银行本票的填写是由银行相关工作人员完成的。

(1) 填写银行本票出票日期：数字要求使用中文大写。

(2) 填写银行本票收款人名称：收款人为单位的，填写收款单位名称；收款人为个人的，填写个人姓名。

(3) 填写银行本票申请人名称：申请人为单位的，填写申请单位名称；申请人为个人的，填写申请人姓名。

(4) 填写银行本票代理付款行名称、行号：填写负责向收款人支付款项的银行名称、行号。

(5) 填写银行本票大小写金额数字：在书写时要顶格填写并不留空位，若留空位的话容易让他人添加文字造成支票大小写金额数字不符，小写最高金额的前一位空白格书写人民币符号"¥"，数字填写要求完整清楚。

(6) 选择是否为现金银行本票：填写"现金"字样的银行本票，可以用于支取现金；申请人或收款人为单位的，不得申请签发现金银行本票。

(7) 出票人签章：出票银行盖章。

(二)银行本票的书写案例

例4：2013 年 3 月 1 日，银行根据例 3 中宏达有限公司的申请，开具银行本票一张，付款期限为 2 个月，如表2-6 所示。

表2-6　银行本票正面的书写

<table>
<tr><td colspan="2" style="text-align:center"># 银 行 本 票</td><td colspan="9" style="text-align:right">534600356</td></tr>
<tr><td colspan="11">出票日期(大写)　　　贰零壹叁 年　　叁月　零壹 日</td></tr>
<tr><td colspan="6">收款人：海华有限公司　　　　　　　　　　申请人：宏达有限公司</td></tr>
<tr><td colspan="2" rowspan="2">凭票 人民币

即付（大写）</td><td colspan="2">壹拾万元整</td><td>百</td><td>十</td><td>万</td><td>千</td><td>百</td><td>十</td><td>元</td></tr>
<tr><td colspan="2"></td><td>¥</td><td>1</td><td>0</td><td>0</td><td>0</td><td>0</td><td>0</td></tr>
<tr><td colspan="4">□转账　□现金</td><td colspan="5">密押 ＿＿＿＿＿＿＿＿

行号 ＿＿＿＿＿＿＿＿</td></tr>
<tr><td colspan="2">备注</td><td colspan="3">出票人签章</td><td colspan="2">出纳</td><td>复核</td><td colspan="2">经办</td></tr>
</table>

2013 年 4 月 5 日，深圳海华有限公司将银行本票背书给云翔公司，如表2-7 所示。

表2-7　银行本票背面的书写

<table>
<tr><td>被背书人　　云翔公司</td><td>被背书人</td><td rowspan="4">粘
贴
单
处</td></tr>
<tr><td>

背书人签章　　深圳海华有限公司

　　　　　　　　　　2013 年 4 月 5 日</td><td>

背书人签章

　　　　　　　　　年 月 日</td></tr>
<tr><td colspan="2">持票人向银行
提示付款签章：　　身份证件名称：　　发证机关：
　　　　　　　　　号码：</td></tr>
</table>

四、银行本票须审核的内容

(1) 收款人是否确为单位或收款人本人。

(2) 银行本票是否在提示付款期限内：持票人超过付款期限提示付款的，代理付款人不予受理。

(3) 必须记载的事项是否清楚齐全。

(4) 出票人签章是否符合规定，不定额银行本票是否有压数机压印的出票金额数字，并与大写出票金额数字一致。

(5) 出票金额数字、出票日期、收款人名称是否更改，更改的其他记载事项是否有原记载人签章证明。

(6) 背书是否连续，背书人签章是否符合规定。

五、银行本票的注意事项

(1) 银行本票属于见票即付。

(2) 申请人或收款人为单位的，不得申请签发现金银行本票。

(3) 未在银行开立存款账户的个人持票人，凭注明"现金"字样的银行本票向出票银行支取现金的，应在银行本票背面签章，填写本人身份证件名称、号码及发证机关，并交验本人身份证件及其复印件。

(4) 申请人办理退款时，出票银行对于在本行开立存款账户的申请人，只能将款项转入原申请人账户；对于现金银行本票和未在本行开立存款账户的申请人，才能退付现金。

(5) 申请人因银行本票超过提示付款期限或其他原因要求退款时，应将银行本票提交到出票银行，申请人为单位的应出具该单位的证明。申请人为个人的，应出具本人的身份证件。

(6) 持票人超过提示付款期限未获付款的，在票据权利时效内向出票银行作出说明，并提供本人身份证件或单位证明，可持银行本票向出票银行请求付款。

(7) 银行本票丧失，失票人可以凭人民法院出具的其享有票据权利的证明，向出票银行请求付款或退款。

第四节 银行汇票的书写

一、银行汇票概述

(一)银行汇票的概念

银行汇票是汇款人将款项交存当地出票银行，由出票银行签发的，由其在见票时按照实际结算金额无条件付给收款人或者持票人的票据。

(二)银行汇票的背书

银行汇票的收款人可以将银行汇票背书转让给被背书人。

(三)银行汇票的适用范围

银行汇票是目前异地结算中较为广泛采用的一种结算方式。单位和个人各种款项的结算，均可使用银行汇票。银行汇票可用于转账，填明"现金"字样的银行汇票也可用于支取现金。申请人或者收款人为单位的，不得在"银行汇票申请书"上填写"现金"字样。

(四)银行汇票的特点

银行汇票使用灵活、票随人到、兑现性强等特点，适用于先收款后发货或钱货两清的商品交易。单位和个人各种款项的结算，均可使用银行汇票。

1. 适用范围广

银行汇票不仅适用于在银行开户的单位、个体户和个人，而且适用于未在银行开立账户的个体户和个人。凡是各单位、个体户和个人需要在异地进行商品交易、劳务供应和其他经济活动及债权债务的结算，都可以使用银行汇票。并且银行汇票既可以用于转账结算，也可以支取现金。

2. 票随人走，钱货两清

实行银行汇票结算，购货单位交款，银行开票，票随人走；购货单位购货给票，销售单位验票发货，一手交票，一手交货；银行见票付款，这样可以减少结算环节，缩短结算资金在途时间，方便购销活动。

3. 信用度高，安全可靠

银行汇票是银行在收到汇款人款项后签发的支付凭证，因而具有较高的信誉，银行保证支付，收款人持有票据，可以安全及时地到银行支取款项。而且银行内部有一套严密的处理程序和防范措施，只要汇款人和银行认真按照汇票结算的规定办理，汇款就能保证安全。一旦现金汇票丢失，汇款人可以向银行办理挂失，填明收款单位和个人，银行可以协助防止款项被他人冒领。

4. 使用灵活，适应性强

实行银行汇票结算，持票人可以将汇票背书转让给销货单位，也可以通过银行办理分次支取或转让，另外，还可以使用信汇、电汇或重新办理汇票转汇款项，因而有利于购货单位在市场上灵活地采购物资。

5. 结算准确，余款自动退回

一般来讲，购货单位很难确定具体购货金额，因而容易出现汇多用少的情况。在有些情况下，多余款项往往长时间得不到清算，从而给购货单位带来不便和损失。而使用银行汇票结算则不会出现这种情况，单位持银行汇票购货，凡在汇票的汇款金额之内的，可根据实际采购金额办理支付，多余款项将由银行自动退回，这样可以有效地防止交易尾欠情况的发生。

二、银行汇票申请书的书写

(一)银行汇票申请书书写的具体要求

凡是要求使用银行汇票办理结算业务的单位,财务部门均应按规定向签发银行提交"银行汇票申请书",在"银行汇票申请书"上逐项写明汇款人名称和账号、收款人名称和账号、汇款金额、汇款用途(军工产品可免填)等内容,并加盖汇款人预留银行的印鉴,由银行审查后签发银行汇票。

如汇款人未在银行开立存款账户,则可以交存现金办理汇票。交存现金办理的汇票,应在汇票委托书上的"汇款金额"大写栏先填写"现金"字样,后填写汇款金额。这样,银行可签发现金汇票,以便汇款人在兑付银行支取现金。企事业单位办理的汇票,如需要在兑付银行支取现金的,由兑付银行按照现金管理有关规定审查并支付现金。

(二)银行汇票申请书的书写案例

例5：2013 年 8 月 18 日,明月股份有限公司通过一般存款账户(开户行:建设银行大方支行 账号：132-532-598)申请办理一张金额为 1 000 000 元的银行汇票,用于支付哈尔滨市动力公司(开户行：中国银行红旗支行 账号：432-425-645)的采购材料费,代理付款行为哈尔滨龙江银行,行号：800,出纳员根据以上资料填写银行汇票申请书,如表 2-8 所示。

表 2-8　银行汇票申请书的书写

银行汇票申请书(存根)

申请日期　贰零壹叁　　年　捌　月　壹拾捌　日

申 请 人	明月股份有限公司	收 款 人	哈尔滨市动力公司										
账　　号 或 住 址	132-532-598	账　　号 或 住 址	432-425-645										
用　　途	采购材料	代理付款行	哈尔滨龙江银行										
汇票金额	人民币 (大写)　壹佰万元整	千	百	十	万	千	百	十	元	角	分
		￥	1	0	0	0	0	0	0	0	0
备　　注		科　　目 对方科目 财务主管　　　　复核　　　　经办											

三、银行汇票的书写

(一)银行汇票书写的具体要求

(1)　填写银行汇票出票日期：数字要求使用中文大写。

(2)　填写银行汇票代理付款行名称、行号：填写负责向收款人支付款项的银行名称、行号。

(3) 填写银行汇票收款人名称：填写从银行提取汇票所汇款项的单位和个人名称。收款人可以是汇款人本人，也可以是与汇款人有商品交易往来或汇款人要与之办理结算的人。收款人为单位的，填写收款单位名称；收款人为个人的，填写个人姓名。

(4) 填写银行汇票出票金额：在书写大写金额数字时要顶格写，小写最高金额数字的前一位空白格写人民币符号"¥"，数字填写要求完整清楚。用于支取现金的银行汇票，在大写金额数字前面添加"现金"字样。

(5) 填写银行汇票实际结算金额：填写大小写金额数字要求同上。支取现金的银行汇票，在大写金额数字前面添加"现金"字样。

(6) 填写银行汇票多余金额：填写退回的银行汇票多余款。

(7) 填写银行汇票申请人名称、账号：申请人为单位的，填写申请单位名称、账号；申请人为个人的，填写申请人姓名。

(8) 填写银行汇票出票行名称、行号：填写签发汇票的银行名称、行号。

(9) 出票人签章：出票银行盖章。

(二)银行汇票的书写案例

例6：2013 年 8 月 18 日，银行根据例 5 中明月股份有限公司的申请，开具号码为 86845 的银行汇票一张，付款期限为 1 个月，如表 2-9 所示。

表 2-9　银行汇票正面的书写

付款期限 壹 个 月	银 行 汇 票					汇票号码　　　第 86845 号						
出票日期 (大写)	贰零壹叁年　捌月壹拾捌日		代理付款行：哈尔滨龙江银行　　　行号：800									
收款人：哈尔滨动力公司												
汇款金额人民币(大写) 壹佰万元整												
实际结算金额人民币(大写)			千	百	十	万	千	百	十	元	角	分
申请人：明月股份有限公司	账号或住址：　132-5032598							科目(借)_____				
出票行：建设银行大方支行 行号：132	密押							对方科目(贷)_____				
备 注：_____	多 余 金 额											
出票行盖章	千	百	十	万	千	百	十	元	角	兑付日期　年 月 日		
2013 年 8 月 18 日									复核　　　记账		

2013 年 8 月 25 日，哈尔滨动力公司将银行汇票背书给长江公司，如表 2-10 所示。

表 2-10　银行汇票背面的书写

被背书人　长江公司	被背书人	粘 贴 单 处
背书人签章　哈尔滨动力公司 2013 年 8 月 25 日	背书人签章 年　月　日	
持票人向银行 提示付款签章：　身份证件名称：　　发证机关： 号码：□□□□□□□□□□□□□□□□□□		

四、银行汇票的注意事项

1. 银行汇票的签发和解付

银行汇票的签发和解付，只能由中国人民银行和商业银行所属的参加"全国联行往来"的银行机构办理。在不能签发银行汇票的银行开户的汇款人需要使用银行汇票时，应将款项转交附近能签发银行汇票的银行办理。

2. 银行汇票一律记名

银行汇票中指定某一特定人为收款人，其他任何人都无权领款；但如果指定收款人以背书方式将领款权转让给其指定的收款人，其指定的收款人有领款权。

3. 银行汇票无起点金额限制

根据《中华人民共和国票据法》和《票据管理实施办法》，中国人民银行总行对银行结算办法进行了全面的修改、完善，形成了《支付结算办法》。新的《支付结算办法》取消了银行汇票金额起点 500 元的限制。

4. 银行汇票的付款期为 1 个月

银行汇票的付款期，是指从签发之日起到办理兑付之日止的时期。不论月大月小，统一到下月对应日期止的一个月。比如签发日为 3 月 5 日，则付款期到 4 月 5 日止。如果到期日遇到假日可以顺延。逾期的汇票，兑付银行将不予办理。

五、银行汇票与银行本票、支票的区别

(1)　银行本票是自付(约定本人付款)证券；银行汇票是委付(委托他人付款)证券；支票是委付证券，但受托人只限于银行或其他法定金融机构。

(2)　银行本票只用于同一票据交换地区；支票可用于同城或票据指定交换地区；银行汇票在同城和异地都可以使用。

(3) 付款期限不同。银行本票付款期为 2 个月；银行汇票付款期为 1 个月；支票付款期为 10 天。

第五节　银行进账单的书写

一、银行进账单概述

(一)银行进账单的概念

银行进账单是持票人或收款人将票据款项存入收款人银行账户的凭证，也是银行将票据款项记入收款人账户的凭证。

(二)银行进账单的种类

银行进账单分为三联式银行进账单和二联式银行进账单。

(三)银行进账单的适用范围

银行进账单与支票、银行汇票、银行本票等配套使用，是企业通过支票、银行汇票、银行本票等结算方式处理收到的款项。

二、银行进账单的书写规范

(一)银行进账单书写的具体要求

(1) 填写银行进账单日期：数字可以小写。

(2) 填写出票人名称、账号、开户银行：付款单位名称、账号、开户银行，与支票、银行汇票、银行本票等结算方式中书写的内容保持一致。

(3) 填写持票人名称、账号、开户银行：填写收款单位名称、账号、开户银行。

(4) 填写进账金额：在书写大写金额数字时要顶格写，小写最高金额数字的前一位空白格写人民币符号"￥"，数字填写要求完整清楚。

(5) 填写票据种类：填写收到的支票、银行汇票、银行本票等银行结算方式的种类。

(6) 填写票据张数：填写进账单所附的票据张数。

(7) 开户银行盖章：银行盖章。

(二)银行进账单书写的案例

例 7：2013 年 8 月 28 日，明月股份有限公司(开户行：中国银行开发支行 账号：133-367-574)收到华晨公司(开户银行：工行光明路支行，账号：667-559-456)的一张金额为80 000 元的转账支票，用于归还前欠货款，出纳员据以填写进账单，如表 2-11 所示。

表 2-11　银行进账单的书写

中国银行进账单(回单)

2013 年 8 月 28 日　　　　　　　第　号

出票人	全　称	华晨公司	持票人	全　称	明月股份有限公司
	账　号	667-559-456		账　号	133-367-574
	开户银行	工行光明路支行		开户银行	中国银行开发支行

金额	人民币(大写)　捌万元整	千	百	十	万	千	百	十	元	角	分
				￥	8	0	0	0	0	0	0

票据种类	转账支票	
票据张数	1	
复核　　　　记账		开户银行签章

三、银行进账单的注意事项

(1)　进账单与支票配套使用，可以一张支票填写一份进账单，也可以多张支票(不超过四笔)汇总金额后填写一份进账单。对一些收受支票业务量较大的收款单位，经其开户银行审查同意也可以附票据清单，汇总填写进账单，委托银行办理收款。这样规定的目的，主要是为了方便客户、简化手续，以减轻客户填写凭证的压力。

(2)　进账单上填写的收款人名称、账号、金额、内容均不得更改，其他项目内容应根据所附支票的相关内容据实填写。因为银行受理票据后，支票和进账单两者分离，要分别在不同的柜组或行处之间进行核算处理，为了防止差错纠纷和经济案件的发生，便于事后查找，故作此明确规定。

(3)　进账单第二联最下端的磁码区域必须保持清洁，任何企事业单位或个人不得在此区域内书写或盖章，其目的、作用与支票相同。

第六节　商业汇票的书写

一、商业汇票概述

(一)商业汇票的概念

商业汇票是指由付款人或收款人签发，由承兑人承兑，并于到期日向收款人或被背书人支付款项的一种票据。所谓承兑，是指汇票的付款人愿意负担起票面金额的支付义务的行为，通俗地讲，就是汇款人承认到期将无条件地支付汇票金额的行为。

(二)商业汇票的分类

商业汇票按其承兑人的不同，可以分为商业承兑汇票和银行承兑汇票两种。

(1) 商业承兑汇票是指由收款人签发，经付款人承兑，或者由付款人签发并承兑的汇票。

(2) 银行承兑汇票是指由付款人或承兑申请人签发，并由承兑申请人向开户银行申请，经银行审查同意承兑的汇票。

(三)商业汇票的背书

商业汇票一经记名后，就允许背书转让。

(四)商业汇票的适用范围

商业汇票的适用范围相对较窄，各企业、事业单位之间只有根据购销合同进行合法的商品交易，才能签发商业汇票。除商品交易以外，其他方面的结算，如劳务报酬、债务清偿、资金借贷等不可采用商业汇票结算方式。

(五)商业汇票的特点

(1) 商业汇票的使用对象相对较少。使用商业汇票的收款人、付款人以及背书人、被背书人必须是在银行开立账户的法人。个体工商户、农村承包户、个人、法人的附属单位等不具有法人资格的单位或个人以及虽具有法人资格但没有在银行开立账户的单位都不能使用商业汇票。

(2) 商业汇票可以由付款人签发，也可以由收款人签发，但都必须经过承兑。只有经过承兑的商业汇票才具有法律效力，承兑人负有到期无条件付款的责任。商业汇票到期，因承兑人无款支付或其他合法原因，债务人不能获得付款时，可以按照汇票背书转让的顺序，向前手行使追索权，依法追索票面金额；该汇票上的所有关系人都应负连带责任。

(3) 商业汇票的承兑期限由交易双方商定。商业汇票的承兑期一般为 3 个月至 6 个月，最长不得超过 6 个月，属于分期付款的应一次签发若干张不同期限的商业汇票。

(4) 未到期的商业汇票可以到银行办理贴现。未到期的商业汇票到银行办理贴现，有利于企业及时地补充流动资金，维持生产经营的正常进行。

(5) 商业汇票在同城、异地都可以使用。

(6) 商业汇票没有结算起点的限制。

(7) 商业汇票到期后，商业汇票的提示付款期限自汇票到期日起 10 日内，通过银行办理转账结算，银行不支付现金。

二、银行承兑汇票的书写

(一)银行承兑汇票书写的具体要求

(1) 填写银行承兑汇票出票日期：数字要求使用中文大写。

(2) 填写银行承兑汇票出票人名称、账号、开户银行：填写的出票人可以是银行，也可以是付款人。

(3) 填写银行承兑汇票收款人名称、账号、开户银行：填写的收款人必须是与付款人有商品交易往来的单位。

(4) 填写银行承兑汇票出票金额：在书写大写金额数字时要顶格写，小写最高金额数字的前一位空白格写人民币符号"¥"，数字填写要求完整清楚。

(5) 填写银行承兑汇票到期日：书写大写金额数字。

(6) 填写银行承兑汇票承兑协议编号：办理银行承兑汇票必须是真实的交易关系，需要与银行签订协议，书写协议编号证明交易的真实性。

(7) 填写银行承兑汇票付款行行号、地址：填写签发汇票的银行名称、行号。

(8) 出票人签章：出票银行盖章。

(二)银行承兑汇票的书写案例

例 8：2013 年 5 月 3 日，明月股份有限公司(开户行：中国工商银行开发支行　账号：800-500-600)委托工行泰山支行(行号：007　地址：泰山路 25 号)开出一张银行承兑汇票，用于支付运达有限公司(开户行：工行黄浦路分理处　账号：178-6753464)金额为 300 000 元的购货款，承兑付款期限为 4 个月。银行受理后开出一张号码为 0056985 的银行承兑汇票，如表 2-12 所示。

表 2-12　银行承兑汇票的书写

银 行 承 兑 汇 票

出票日期 贰零壹叁年伍月 零叁日　　　　　　　　　　第 0056985 号

出票人全称	明月股份有限公司	收款人	全　称	运达有限公司									
出票人账号	800-500-600		账　号	178-6753464									
付款行全称	工行泰山支行		开户银行	工行黄浦路分理处									
出票金额	人民币(大写)　叁拾万元整			亿	千	百	十	万	千	百	十	元	角	分
						¥	3	0	0	0	0	0	0	0
汇票到期日(大写)	贰零壹叁年 玖月 零叁日	付款行	行号	007									
承兑协议编号	1234569		地址	泰山路 25 号									
本汇票请你行承兑，到期无条件付款。 出票人签章	本汇票已经承兑，到期日由本行付款 承兑行签章　　承兑日期　　年　月　日 备注：	密押 复核　　记账 承											

三、商业承兑汇票的书写

(一)商业承兑汇票书写的具体要求

(1) 填写商业承兑汇票出票日期：数字要求使用中文大写。

(2) 填写商业承兑汇票付款人名称、账号、开户银行：填写的付款人是工商企业，如表 2-13 所示。

(3) 填写商业承兑汇票收款人名称、账号、开户银行：填写的收款人必须是与付款人有商品交易往来的单位。

(4) 填写商业承兑汇票出票金额：在书写大写金额数字时要顶格写，小写最高金额数字的前一位空白格写人民币符号"¥"，数字填写要求完整清楚。

(5) 填写商业承兑汇票交易合同号码：办理商业承兑汇票必须是真实的交易关系，需要合同号码，证明交易的真实性。

(6) 填写商业承兑汇票付款行行号、地址：填写签发汇票的银行名称、行号。

(7) 承兑人签章：付款的工商企业盖章。

(二)商业承兑汇票的书写案例

例 9：2013 年 6 月 3 日，明月股份有限公司(开户行：中国工商银行开发支行 账号：800-500-600)开出一张商业承兑汇票 30 000 元，用于支付采购款项给美胜有限公司(开户行：工行远航分理处 账号：795-343-532)，承兑付款期限为 3 个月。出纳员据以开出一张号码为 0056985 的商业承兑汇票，如表 2-13 所示。

表 2-13 商业承兑汇票的书写

商 业 承 兑 汇 票

出票日期 贰零壹叁年 陆月零叁日　　　　　　　　　　第 0056985 号

<table>
<tr><td rowspan="3">收款人</td><td>全　　称</td><td>美胜有限公司</td><td rowspan="3">付款人</td><td>全　　称</td><td colspan="9">明月股份有限公司</td></tr>
<tr><td>账　　号</td><td>795-343-532</td><td>账　　号</td><td colspan="9">800-500-600</td></tr>
<tr><td>开户银行</td><td>工行远航分理处</td><td>开户银行</td><td colspan="9">中国工商银行开发支行</td></tr>
<tr><td rowspan="2">汇 票 金 额</td><td rowspan="2" colspan="2">人民币
(大写)　叁万元整</td><td>亿</td><td>千</td><td>百</td><td>十</td><td>万</td><td>千</td><td>百</td><td>十</td><td>元</td><td>角</td><td>分</td></tr>
<tr><td></td><td></td><td></td><td></td><td>¥</td><td>3</td><td>0</td><td>0</td><td>0</td><td>0</td><td>0</td></tr>
<tr><td>汇票到期日(大写)</td><td colspan="2">贰零壹叁年 玖月零叁日</td><td rowspan="2">付款人
开户行</td><td>行号</td><td colspan="8">00000777</td></tr>
<tr><td>交易合同号码</td><td colspan="2">1213333</td><td>地址</td><td colspan="8">泰山路 25 号</td></tr>
<tr><td colspan="3">本汇票已经承兑，到期日无条件付款。

　　　　　　　　　　承兑人签章
承兑日期　年　月　日</td><td colspan="10">本汇票请予以承兑于到期日付款

　　　　　　　　　　　　　出票人盖章</td></tr>
</table>

四、商业汇票注意事项

(1) 办理商业汇票必须以真实的交易关系和债权债务关系为基础，出票人不得签发无对价的商业汇票用以骗取银行或其他票据当事人的资金。

(2) 商业汇票的出票人，应是在银行开立存款账户的法人以及其他组织，与付款人(即承兑人)具有真实的委托付款关系，并具有支付汇票金额的可靠资金来源。

(3) 我国目前使用的商业承兑汇票和银行承兑汇票所采用的都是定日付款形式，出票人签发汇票时，应在汇票上记载具体的到期日。

(4) 商业汇票的持票人向银行申请贴现时，必须提供与其直接前手之间的增值税发票和商品发运单据复印件，贴现、转贴现和再贴现的银行应另加 3 天的划款日期。

(5) 商业汇票的票款结算一般采用委托收款方式。商业汇票的提示付款期为汇票到期日前 10 日内，持票人应在提示付款期内通过开户银行委托收款或直接向付款人提示付款。对异地委托收款的，持票人可匡算邮程，提前通过开户银行委托收款。

(6) 商业承兑汇票到期日付款人账户不足支付时，其开户银行应将商业承兑汇票退给收款人或被背书人，由其自行处理。银行承兑汇票到期日付款，但承兑到期日已过，持票人没有要求兑付的，这种情况《银行结算办法》没有规定，各商业银行都自行作了一些补充规定。如中国工商银行规定超过承兑期日 1 个月持票人没有要求兑付的，承兑失效。

第七节　票据贴现的书写

一、票据贴现概述

(一)票据贴现的概念

票据贴现是指银行承兑汇票的持票人在汇票到期日前，为了取得资金，贴付一定利息将票据权利转让给银行的票据行为，是持票人向银行融通资金的一种方式。

(二)票据贴现的流程

(1) 持票企业提供票据原件由银行代为查询，确定真实性。

(2) 持票企业填写贴现申请书、贴现凭证。

(3) 持票企业提供与交易相关的合同、交易发票。

(4) 商业承兑汇票贴现前由银行对出票企业进行授信审查。

(5) 银行审核票据及资料。

(6) 银行计收利息，发放贴现款。

(7) 按协议约定日，企业归还票据款，银行向企业归还票据并退还未使用资金利息。

(三)票据贴现申请人必须具备的条件

(1) 在贴现行开立存款账户的企业法人或其他经济组织。

(2) 与出票人或直接前手之间有真实的商品交易关系。

(3) 能够提供与其直接前手之间的增值税发票(按规定不能出具增值税发票的除外)和商品发运单据复印件。

二、票据贴现的计算方法

(一)票据贴现的相关概念

1. 贴现率

贴现率是按人民银行规定执行,按商业银行同档次流动资金贷款利率下浮 3 个百分点执行。贴现的利率要比贷款的利率低,因为持票人贴现票据目的是为了得到现在资金的融通,并非没有这笔资金。如果贴现率太高,则持票人取得融通资金的负担过重,成本过高,贴现业务就不可能发生。

2. 贴现期

贴现期是指从其贴现之日起至汇票到期日止的期限,最长不超过 6 个月。

贴现期=票据期限-企业已持有票据期限

3. 贴现利息

贴现利息是汇票的收款人在票据到期前为获取票款向贴现银行支付的利息。

贴现利息=票据到期值×贴现率×贴现期

4. 贴现所得

贴现所得是按票面金额扣除贴现利息的余额,是收款人实际收到的款项。

贴现所得=票据到期值-贴现利息

(二)票据贴现利息计算的案例

例 10:2013 年 6 月 5 日,鸿昌股份有限公司将一张 2013 年 9 月 5 日到期的,票面价值为 100 万元的银行承兑汇票进行贴现,贴现率为 3.24%,请计算鸿昌股份有限公司贴现后所得到的资金。

贴现期=3 个月

贴现率=3.24%

贴现利息=100×3.24%×3/12=0.81(万元)

贴现所得=100-0.81=99.19(万元)

三、票据贴现的书写

(一)票据贴现书写的具体要求

(1) 填写贴现申请日期：数字可以小写。

(2) 填写贴现汇票种类、号码：目前我国银行允许贴现的票据种类只有银行承兑汇票；商业承兑汇票的贴现暂不受理。

(3) 填写贴现汇票承兑人名称、账号、开户银行：填写付款方名称、账号、开户银行。

(4) 填写持票人名称、账号、开户银行：填写委托收款方名称、账号、开户银行。

(5) 填写汇票金额：在书写大写金额数字时要顶格写，小写最高金额数字的前一位空白格写人民币符号"¥"，数字填写要求完整清楚。

(6) 填写贴现率：填写银行规定的贴现利率，为年利率。

(7) 填写贴现利息：填写根据票据到期值、贴现率、贴现期计算出来的应付银行的利息。

(8) 填写实付贴现金额：填写贴现企业实际得到的款项，为票据到期值扣除贴现利息的差额。

(9) 开户审批：贴现本质属于短期贷款，所以需要信贷员签章。

(二)票据贴现的书写案例

例11：2013年8月3日，运达有限公司将例8中明月股份有限公司给付的号码为0056985的银行承兑汇票进行贴现，银行贴现利息为5%，如表2-14所示。

表2-14 贴现凭证的书写

贴 现 凭 证(代申请书)

申请日期 2013年8月3日

贴现汇票	种类	银行承兑汇票	号码	0056985		持票人	名 称	运达有限公司									
	出票日	2013年7月3日					账 号	178-6753464									
	到期日	2013年9月3日					开户银行	工行黄浦路分理处									
汇票承兑人		名称	明月股份有限公司			账号	800-500-600		开户银行		工行泰山支行						

汇票金额	人民币(大写)	叁拾万元整	千	百	十	万	千	百	十	元	角	分
					¥	3	0	0	0	0	0	0

贴现率	5%	贴现利息	十	万	千	百	十	元	角	分	实付贴现金额	千	百	十	万	千	百	十	元	角	分
				¥	1	2	5	0	0	0			¥	2	9	8	7	5	0	0	0

附送承兑汇票申请贴现，请审核。		银行审批		科 目 对方科目	
持票人签章		负责人 信贷员		复核 记账	

四、票据贴现与银行贷款的区别

持票人在贴现了票据以后，就完全拥有了资金的使用权，可以根据自己的需要使用这笔资金，而不会受到贴现银行和公司的任何限制。但借款人在使用贷款时，要受到贷款银行的审查、监督和控制，因为贷款资金的使用情况直接关系到银行能否很好地回收贷款。

第八节 汇兑的书写

一、汇兑概述

(一)汇兑的概念

汇兑又称"汇兑结算"，是指企业(汇款人)委托银行将其款项支付给收款人的结算方式。这种方式便于汇款人向异地的收款人主动付款，适用范围十分广泛。

(二)汇兑的种类

汇兑根据划转款项的方法不同以及传递方式不同，可以分为信汇和电汇两种。

(1) 信汇是汇款人向银行提出申请，同时交存一定金额及手续费，汇出行将信汇委托书以邮寄方式寄给汇入行，授权汇入行向收款人解付一定金额的一种汇兑结算方式。

(2) 电汇是汇款人将一定款项交存汇款银行，汇款银行通过电报或电传传给目的地的分行或代理行(汇入行)，指示汇入行向收款人支付一定金额的一种汇款方式。

(三)汇兑的适用范围

汇兑是汇款人委托银行将其款项支付给收款人的结算方式。单位和个人各种款项的结算，均可使用汇兑结算方式。

(四)汇兑的特点

汇兑结算适用范围广，手续简便易行，灵活方便，因而是目前一种应用极为广泛的结算方式。

(1) 汇兑结算，无论是信汇还是电汇，都没有金额起点的限制，不管款多款少都可使用。

(2) 汇兑结算属于汇款人向异地主动付款的一种结算方式。它对于异地上下级单位之间的资金调剂、清理旧欠以及往来款项的结算等都十分方便。

(3) 汇兑结算方式除了适用于单位之间的款项划拨外，也可用于单位对异地的个人支付有关款项，如退休工资、医药费、各种劳务费、稿酬等，还适用于个人对异地单位所支付的有关款项，如邮购商品、书刊等。

(4) 汇兑结算手续简便易行，单位或个人很容易办理。

二、汇兑的书写

(一)汇兑书写的具体要求

(1)　填写汇兑业务办理日期：数字可以小写。

(2)　填写汇款人名称、账号、汇出地点、汇出银行：汇款人是个人的，需要在汇入银行存入现金后才能汇款；汇款人是单位的，要保证账户内有足够支付的存款余额。

(3)　填写收款人名称、账号、汇入地点、汇入银行：汇款单位需要派人到汇入银行领取汇款时，除在"收款人"栏写明取款人的姓名外，还应在"账号或住址"栏内注明"留行待取"字样。留行待取的汇款，需要指定具体收款人领取汇款的，应注明收款人的单位名称。

(4)　填写汇款金额：个人办理的需要在汇入银行支取现金的，应在汇款金额大写栏先填写"现金"字样，接着再紧靠其后填写汇款金额中文大写。在书写中文大写金额数字时要顶格写，小写最高金额数字的前一位空白格写人民币符号"¥"，数字填写要求完整清楚。

(5)　填写汇兑用途：军工产品可以免填。

(6)　汇出行盖章：办理汇款业务的银行盖章。

(二)汇兑书写的案例

例12：2013 年 8 月 22 日，哈尔滨市明月股份有限公司通过一般存款账户(开户行：中国工商银行开发支行　账号：800-500-600)进行汇款，金额为 50 000 元，支付给青岛美华公司购物款，存入对方开户银行(开户行：中行青岛支行　账号 578-998-557)，出纳员填写电汇凭证，如表 2-15 所示。

表 2-15　电汇凭证的书写

电　汇　凭　证

2013 年 8 月 22 日　　　　　　　　　　　　　　　　　　　第　　号

汇款人	全称	明月股份有限公司			收款人	全称	美华公司									
	账号或住址	800-500-600				账号或住址	578-998-557									
	汇出地点	黑龙江省哈尔滨市县	汇出行名称	工行开发支行		汇入地点	山东省青岛市县	汇入行名称	中行青岛支行							
金额	人民币(大写)	伍万元整						百	十	万	千	百	十	元	角	分
									¥	5	0	0	0	0	0	0
汇款用途：预付购货款										汇出行盖章						
单位主管　　会计　　复核　　记账										2013 年 8 月 22 日						

三、汇兑注意事项

在这两种汇兑结算方式中，信汇费用较低，但速度相对较慢；而电汇具有速度快的优点，但汇款人要负担较高的电报电传费用。另外，为了确保电报的真实性，汇出行要在电报上加注双方约定的密码；而信汇则不需加密码，签字即可。

第九节　委　托　收　款

一、委托收款概述

(一)委托收款的概念

委托收款，是指收款人委托银行向付款人收取款项的结算方式。

(二)委托收款的分类

委托收款分邮寄和电报划回两种，由收款人选用。

(1) 邮寄式委托收款是以邮寄方式由收款人开户银行向付款人开户银行转送委托收款凭证、提供收款依据的方式。

(2) 电报划回式委托收款是以电报方式由收款人开户银行向付款人开户银行转送委托收款凭证，提供收款依据的方式。

(三)委托收款的适用范围

凡在银行或其他金融机构开立账户的单位和个体户的商品交易，公用事业单位向用户收取水电费、邮电费、煤气费、公房租金等劳务款项以及其他应收款项，无论是在同城还是异地，均可使用委托收款的结算方式。委托收款结算不受金额起点限制。

(四)委托收款的流程

(1) 委托。委托是指收款人向银行提交委托收款凭证和有关债务证明并办理委托收款手续的行为。委托收款凭证即如前所述的按规定填写凭证；有关债务证明是指能够证明付款到期并应向收款人支付一定款项的证明。

(2) 付款。付款是指银行在接到寄来的委托收款凭证及债务证明，并经审查无误后向收款人办理付款的行为。

(3) 付款人拒绝付款。付款人审查有关债务证明后，对收款人委托收取的款项需要拒绝付款的，可以办理拒绝付款。付款人对收款人委托收取的款项需要全部拒绝付款的，应在付款期内填写"委托收款结算全部拒绝付款理由书"，并加盖银行预留印鉴章，连同有关单证送交开户银行，银行不负责审查拒付理由，将拒绝付款理由书和有关凭证及单证寄给收款人开户银行转交收款人。需要部分拒绝付款的，应在付款期内出具"委托收款结算部分拒绝付款理由书"，并加盖银行预留印鉴章，送交开户银行，银行办理部分划款，并将部分拒绝付款理由书寄给收款人开户银行转交收款人。

二、委托收款的书写

(一)委托收款书写的具体要求

(1) 填写委托收款日期：数字可以小写。

(2) 填写付款人名称、账号、开户银行：填写接受委托收款方付款的单位名称、账号、开户银行。

(3) 填写收款人名称、账号、开户银行：填写委托收款方名称、账号、开户银行。

(4) 填写委托收款金额：在书写中文大写金额数字时要顶格写，小写最高金额数字的前一位空白格写人民币符号"￥"，数字填写要求完整清楚。

(5) 填写委托收款内容：填写委托收款事项。

(6) 填写委托收款凭据名称：填写委托收款方提供的收款凭证。

(7) 款项收妥日期：填写银行代收款项到账日期。

(8) 收款人开户银行盖章：办理委托收款业务的银行盖章。

(二)委托收款的书写案例

例 13：2013 年 4 月 3 日，哈尔滨市电话局(开户行：中国工商银行聚鑫支行　账号：544-688-759)采用委托收款方式收取明月股份有限公司(开户行：中国工商银行开发支行　账号：800-500-600)电话费 5 000 元，并附电话费收据一张。4 月 5 日明月股份有限公司收到收据，同意付款，银行据以支付相应的款项给哈尔滨市电话局，如表 2-16 所示。

表 2-16　委托收款凭证的书写

委　托　收　款

委托日期　　　2013 年 4 月 3 日

付款人	全　称	明月股份有限公司	收款人	全　称	哈尔滨市电话局										
	账号或住址	800-500-600		账号或住址	544-688-759										
	开户银行	中国工商银行开发支行		开户银行	中国工商银行聚鑫支行		行号	544							
委收金额	人民币(大写)	伍仟元整			亿	千	百	十	万	千	百	十	元	角	分
									￥	5	0	0	0	0	0
款项内容	电话费	委托收款凭据名称	收据				附寄单证张数		1						
备注：			款项收妥日期		收款人开户银行盖章										
单位主管　会计　复核　记账			2013 年 4 月 5 日		2013 年 4 月 3 日										

第十节　托收承付的书写

一、托收承付概述

(一)托收承付的概念

托收承付亦称异地托收承付，是指根据购销合同由收款人发货后委托银行向异地付款人收取款项，由付款人向银行承认付款的结算方式。

(二)托收承付的种类

托收承付根据结算款项的划回方法，分为邮寄和电报两种，由收款人选用。

(三)托收承付的适用范围

托收承付结算方式只适用于异地签订有经济合同的商品交易及相关劳务款项的结算。代销、寄销、赊销商品的款项，不得办理异地托收承付结算。

(四)托收承付的流程

(1) 收款人发出商品。
(2) 收款人委托银行收款。
(3) 收款人开户行将托收凭证传递给付款人开户行。
(4) 付款人开户行通知付款人承付。
(5) 付款人承认付款。
(6) 银行间划拨款项。
(7) 通知收款人货款收妥入账。

二、托收承付的书写

(一)托收承付书写的具体要求

(1) 填写托收承付委托日期：数字可以小写。
(2) 填写付款人名称、账号、开户银行：填写购货单位名称、账号、开户银行。
(3) 填写收款人名称、账号、开户银行：填写托收承付委托收款方名称、账号、开户银行。
(4) 填写托收金额：在书写中文大写金额数字时要顶格写，小写最高金额数字的前一位空白格写人民币符号"¥"，数字填写要求完整清楚。
(5) 填写托收承付附件：办理托收承付业务时附带的文件，一般包括增值税专用发票、运费发票和购销合同。

(6) 填写商品发运情况：只有货物发出后，才能办理托收承付手续。

(7) 填写合同名称号码：证明合同中购销双方均同意使用托收承付收款方式。

(8) 款项收妥日期：实际收到款项日期，晚于委托日期。

(9) 开户银行盖章：办理托收承付业务的银行盖章。

(二)托收承付的书写案例

例 14：2013 年 4 月 20 日，明月股份有限公司(开户行：中国工商银行开发支行　账号：800-500-600)销售给顺达有限公司(开户行：工行长春分行　账号：648-684-984)一批货物，增值税专用发票已开，金额为 235 000 元，货已运出，双方在合同中标明采用托收承付方式支付款项。明月股份有限公司出纳员据以填写托收承付凭证送交银行，如表 2-17 所示。

表 2-17　托收承付凭证的书写

托 收 承 付

委托日期　　2013 年 4 月 20 日

付款人	全　称	顺达有限公司	收款人	全　称	明月股份有限公司											
	账号或住址	648-684-984		账号或住址	800-500-600											
	开户银行	工行长春分行		开户银行	上海黄浦路分理处					行号		800				
托收金额	人民币(大写)	贰拾叁万伍仟元整			千	百	十	万	千	百	十	元	角	分		
						¥	2	3	5	0	0	0	0	0		
附　件		商 品 发 运 情 况					合 同 名 称 号 码									
附寄单证张数或册数	3	货已发出					购销合同 0034 号									
备注：			款项收妥日期				开户银行盖章									
单位主管　会计　复核　记账			年　月　日				年　月　日									

三、托收承付的注意事项

(1) 《支付结算办法》规定，托收承付结算每笔的金额起点为 1 万元；新华书店系统每笔金额起点为 1 000 元。

(2) 使用该结算方式的收款单位和付款单位，必须是国有企业或供销合作社，以及经营较好并经开户银行审查同意的城乡集体所有制工业企业。

(3) 办理结算的款项必须是商品交易以及因商品交易而产生的劳务供应款项。代销、寄销、赊销商品款项，不得办理托收承付结算。

(4) 收付双方使用托收承付结算必须签有符合《经济合同法》的购销合同，并在合同中注明使用异地托收承付结算方式。

(5) 收款人办理托收，必须具有商品确已发货的凭据(指铁路、航运、公路等运输部门签发的运单、运单副本和邮局包裹回执等)。

(6) 收付双方办理托收承付结算，必须重合同、守信誉。根据《支付结算办法》规定，若收款人对同一付款人发货托收累计三次收不回货款的,收款人开户银行应暂停收款人向付款人办理托收;付款人累计三次提出无理拒付的,付款人开户银行应暂停其向外办理托收。

练 习 题

银行结算票据的书写(要求掌握各种银行结算票据正面的书写规范,同时了解银行结算票据背面的样式以及填写规范)。

(1) 中文日期的书写如表2-18所示。

表 2-18　中文日期的书写

2017 年 1 月 10 日	2017 年 2 月 20 日
2011 年 3 月 30 日	2017 年 4 月 1 日
2017 年 5 月 9 日	2017 年 6 月 12 日
2017 年 7 月 24 日	2017 年 8 月 31 日
2017 年 9 月 7 日	2017 年 10 月 15 日
2017 年 11 月 17 日	2017 年 12 月 26 日

(2) 现金支票的书写。

2013 年 3 月 18 日,恒通股份有限公司出纳员李东(身份证号 3301011989112010010,发证机关:哈尔滨市香坊分局)去一般存款账户(开户行:中国工商银行开发区支行　账号:132-388-888)取现金6 000元作为备用金,出纳员据以上信息填写现金支票,如表2-19所示。

表 2-19　现金支票的书写

现金支票存根	现金支票		X VI00497458
X VI00497458 附加信息 ———————— 出票日期　年　月　日 收款人:———— 金　额:———— 用　途:———— 单位主管　会计	出票日期(大写)　年　月　日 收款人: 人民币 (大写) 用途　　　　　　密码 上列款项请从 我账户内支付 出票人签章	付款行名称: 出票人账号: 十 万 千 百 十 元 角 分 复核　　　　记账	

附加信息															粘 贴 单 处
										收款人签章					
								年　　月　　日							
	身份证件名称：　身份证　　　发证机关：哈尔滨市香坊分局														

(3) 转账支票的书写。

2013 年 3 月 20 日，恒通股份有限公司通过一般存款账户(开户行：交通银行开发支行　账号：133-111-684)转账支付欠款 10 000 元给宏顺公司(开户行：中国银行沈河支行　账号：185-222-222)，恒通股份有限公司出纳员据以开具转账支票一张。3 月 21 日，宏达公司将该支票背书给圣元开发公司。3 月 25 日，圣元开发公司将该支票背书给威远有限公司，如表 2-20 所示。

表 2-20　转账支票的书写

转账支票存根 ⅩⅥ00497469 附加信息 ------------------------ 出票日期　　年 月 日 收款人：_____ 金　额：_____ 用　途：_____ 单位主管　　会计	**转账支票**　　　　　　　ⅩⅥ00497469
	出票日期(大写)　　年　月　日　　　付款行名称：
	收款人：　　　　　　　　　　　出票人账号：

		人民币	十	万	千	百	十	元	角	分
		(大写)								

用途 _____　　　　密码_____
上列款项请从
我账户内支付
出票人签章　　　　　复核　　　　　记账

附加信息	被背书人	被背书人	粘 贴 单 处
	背书人签章 年　月　日	背书人签章 年　月　日	

(4) 银行本票申请书的书写。

2013 年 3 月 27 日，恒通股份有限公司通过一般存款账户(开户行：中国工商银行科技支行 账号：173-746-377)申请办理银行本票一张，用于支付货款 100 000 元给蓝海公司(开户行：中国银行利恒支行 账号：838-472847)，代理付款行为中国银行美顺支行，出纳员需填写银行本票申请书，如表 2-21 所示。

表 2-21 银行本票申请书的书写

银行本票申请书

申请日期：   年 月 日

申 请 人		收 款 人											
账 号 或 住 址		账 号 或 住 址											
用 途		代理付款行											
应 付 金 额	人民币 (大写)			千	百	十	万	千	百	十	元	角	分
备注	科　　目												
	对方科目												
	财务主管　　　　复核　　　　经办												

(5) 银行本票的书写。

2013 年 4 月 17 日，中国银行美顺支行根据恒通股份有限公司的申请，开具银行本票一张，付款期限为 2 个月。2013 年 4 月 25 日，蓝海公司将银行本票背书给青云公司，如表 2-22 所示。

表 2-22 银行本票的书写

银行本票
756700356

出票日期(大写) 年 月 日									
收款人：			申请人：						
凭票 人民币 即付 (大写)			十	万	千	百	十	元	角	分
□转账 □现金			密押 ———————————						
			行号 ———————————						
备注　　出票人签章　　出纳　　复核　　经办									

被背书人	被背书人	粘
		贴
		单
背书人签章 年 月 日	背书人签章 年 月 日	处

持票人向银行
提示付款签章： 身份证件名称： 发证机关： 号码：□□□□□□□□□□□□□□□□□□

(6) 银行汇票申请书的书写。

2013 年 5 月 20 日，恒通股份有限公司通过一般存款账户(开户行：中国工商银行科技支行 账号：173-746-377)申请办理一张金额为 600 000 元的银行汇票，用于支付异地翔云公司(开户行：中国银行恒通支行 账号：313-414-546)的采购材料费，代理付款行为中国银行顺达支行，行号：050，出纳员根据以上资料填写银行汇票申请书，如表 2-23 所示。

表 2-23 银行汇票申请书(存根)

申请日期					年 月 日								
申 请 人			收 款 人										
账 号 或 住 址			账 号 或 住 址										
用 途			代理付款行										
汇票金额	人民币 (大写)			千	百	十	万	千	百	十	元	角	分
备 注			科 目 对方科目 财务主管 复核 经办									

(7) 银行汇票的书写。

2013 年 5 月 20 日，中国银行顺达支行根据恒通股份有限公司的申请，开具银行汇票一张，付款期限为 1 个月。2013 年 5 月 30 日，翔云公司将银行汇票背书给云艳公司，如表 2-24 所示。

表 2-24　银行汇票的书写

付款期限 壹 个 月	银 行 汇 票			汇票号码　　第　　号											
出票日期 (大写)	年　月　日		代理付款行：　　　　　　行号：												
收款人：															
汇款金额人民币(大写)															
实际结算金额人民币(大写)				千	百	十	万	千	百	十	元	角	分		
申请人：_____ 出票行：____ 行号：____ 备 注：_____ 出票行盖章　　　　年 月 日	账号或住址：_____ 密押 多 余 金 额 千 百 十 万 千 百 十 元 角									科目(借)_____ 对方科目(贷)_____ 兑付日期　年 月 日 复核　　记账					

被背书人	被背书人	粘
		贴
背书人签章 年 月 日	背书人签章 年 月 日	单 处
持票人向银行 提示付款签章：　身份证件名称：　发证机关： 号码：		

(8) 银行进账单的书写。

2013 年 6 月 30 日，恒通股份有限公司(开户行：中国工商银行科技支行　账号：173-746-377)收到华润公司(开户银行：农行花卉支行　账号：676-786-544)的一张金额为8 500 元的银行汇票，用于购货款，出纳员据以上资料填写银行进账单，如表2-25 所示。

(9) 商业承兑汇票的书写。

2013 年 6 月 30 日，恒通公司采购原材料一批，价值 117 000 元，开出一张号码为 8765的商业承兑汇票(开户行：交通银行红旗支行　账号：232-423-598)，去哈尔滨市木材加工厂(开户行：中国银行通乡支行　账号：432-425645)采购木材一批，承兑付款期限为 5 个月。恒通公司出纳员据以上资料开具商业承兑汇票一张，如表2-26 所示。

表 2-25　银行进账单的书写

中国银行进账单(回单)

年　　月　　日　　　　　第　　号

出票人	全　称		持票人	全　称	
	账号			账号	
	开户银行			开户银行	

金额	人民币 (大写)		千	百	十	万	千	百	十	元	角	分

票据种类		
票据张数		
	复核　　记账	开户银行签章

表 2-26　商业承兑汇票

出票日期　年　月　　日　　　　　第　　号

收款人	全　称		付款人	全　称	
	账　号			账　号	
	开户银行			开户银行	

汇票金额	人民币 (大写)		亿	千	百	十	万	千	百	十	元	角	分

汇票到期日(大写)		付款人	行号	
交易合同号码		开户行	地址	

本汇票已经承兑,到期日无条件付款。 承兑人签章 承兑日期　　年　月　日	本汇票请予以承兑于到期日付款 出票人盖章

(10) 银行承兑汇票的书写。

2013 年 6 月 30 日,恒通股份有限公司(开户行: 交通银行红旗支行　账号: 232-423598)采购原材料一批，价值 117 000 元，委托交行海河支行(行号：007，地址海河路 35 号)开出一张银行承兑汇票，支付给哈尔滨市木材加工厂(开户行: 中国银行通乡支行　账号：432-425645)，承兑付款期限为 5 个月。交行海河支行据以开出一张号码为 04225534 的银行承兑汇票，如表 2-27 所示。

(11) 票据贴现申请书的书写。

2013 年 7 月 31 日,哈尔滨木材厂将第(10)题中恒通股份有限公司给付的号码为 04225534的银行承兑汇票进行贴现，银行贴现利息为 5%，请填写贴现凭证，如表 2-28 所示。

表2-27　银行承兑汇票

出票人全称			收款人	全　称												
出票人账号				账　号												
付款行全称				开户银行												
出票金额	人民币(大写)				亿	千	百	十	万	千	百	十	元	角	分	
汇票到期日(大写)			付款行	行号												
承兑协议编号				地址												

本汇票请你行承兑，到期无条件付款。 出票人签章	本汇票已经承兑，到期日由本行付款 承兑行签章 承兑日期　年月日 备注：	密押 复核　　记账 承

表2-28　贴现凭证(代申请书)

申请日期　　　　年　　月　　日

贴现汇票	种　类		号码		持票人	名　称										
	出票日		年　月　日			账　号										
	到期日		年　月　日			开户银行										
汇票承兑人	名称			账号		开户银行										
汇票金额	人民币(大写)						千	百	十	万	千	百	十	元	角	分
贴现率	％	贴现利息	十 万 千 百 十 元 角 分		实付贴现金额		千	百	十	万	千	百	十	元	角	分
附送承兑汇票申请贴现，请审核。 持票人签章	银行审批	负责人　　信贷员		科　目 对方科目 复核　　记账												

(12) 电汇凭证的书写。

2013 年 8 月 12 日，长春市恒通股份有限公司通过开户行(开户行：中国工商银行科技支行　账号：173-746-377)电汇给广州东关公司购货款 10 000 元，存入对方开户银行(开户行：工行新叶支行　账号 578-998-222)，出纳员据以上资料填写电汇凭证，如表2-29 所示。

表 2-29 电汇凭证

					年 月 日										第 号		
汇款人	全 称					收款人	全 称										
	账 号或住址						账 号或住址										
	汇 出地 点	省 市县		汇出行名 称			汇 入地 点	省 市县			汇入行名 称						
金额	人民币(大写)							百	十	万	千	百	十	元	角	分
汇款用途:											汇出行盖章					
单位主管　会计　复核　记账									年　月　日							

(13) 委托收款凭证的书写。

2013 年 8 月 20 日，长春市供电局通过银行(开户行：农行黄山路分理处　账号：350-222-111)采用委托收款方式收取长春市恒通股份有限公司(开户行：中国工商银行科技支行　账号：173-746-377)电费 18 000 元，并附电费收据一张。请以长春市供电局身份填写委托收款凭证，如表 2-30 所示。

表 2-30 委托收款

				委托日期　年 月 日												
付款人	全 称			收款人	全 称											
	账号或住址				账号或住址											
	开户银行				开户银行			行号								
委收金额	人民币(大写)				亿	千	百	十	万	千	百	十	元	角	分	
款项内容		委托收款凭据名称							附寄单证张数							
备注:			款项收妥日期													
单位主管　会计　复核　记账				年　月　日		收款人开户银行盖章			年　月　日							

(14) 托收承付凭证的填写。

2013 年 8 月 20 日，长春市恒通股份有限公司(开户行：中国工商银行科技支行　账号：173-746-377)销售给天津风华公司(开户行：工行海河路分理处　账号：648-682-652)一批货物，增值税专用发票已开，金额为 117 000 元，货已运出，运输公司开具运费发票一张，双方在合同(号码为 00976)中标明付款方式采用托收承付方式支付款项。长春市恒通股份有限公司出纳员据以上资料填写托收承付凭证送交银行，如表 2-31 所示。

表2-31 托收承付

委托日期　　年　月　日

付款人	全　称		收款人	全　称												
	账号或住址			账号或住址												
	开户银行			开户银行					行号							
托收金额	人民币(大写)				千	百	十	万	千	百	十	元	角	分		
附　件		商品发运情况				合同名称号码										
附寄单证张数或册数																
备注：			款项收妥日期													
			年　月　日		开户银行盖章　年　月　日											

课 外 阅 读

票据管理实施办法　中国人民银行令 1997 年第 2 号

颁布时间：1997-8-21　　发文单位：中国人民银行

第一条　为了加强票据管理，维护金融秩序，根据《中华人民共和国票据法》(以下简称票据法)的规定，制定本办法。

第二条　在中华人民共和国境内的票据管理，适用本办法。

第三条　中国人民银行是票据的管理部门。

票据管理应当遵守票据法和本办法以及有关法律、行政法规的规定，不得损害票据当事人的合法权益。

第四条　票据当事人应当依法从事票据活动，行使票据权利，履行票据义务。

第五条　票据当事人应当使用中国人民银行规定的统一格式的票据。

第六条　银行汇票的出票人，为经中国人民银行批准办理银行汇票业务的银行。

第七条　银行本票的出票人，为经中国人民银行批准办理银行本票业务的银行。

第八条　商业汇票的出票人，为银行以外的企业和其他组织。

向银行申请办理汇票承兑的商业汇票的出票人，必须具备下列条件：

(一)在承兑银行开立存款账户；

(二)资信状况良好，并具有支付汇票金额的可靠资金来源。

第九条　承兑商业汇票的银行，必须具备下列条件：

(一)与出票人具有真实的委托付款关系；

(二)具有支付汇票金额的可靠资金。

第十条　向银行申请办理票据贴现的商业汇票的持票人，必须具备下列条件：

(一)在银行开立存款账户；

(二)与出票人、前手之间具有真实的交易关系和债权债务关系。

第十一条　支票的出票人，为在经中国人民银行批准办理支票存款业务的银行、城市信用合作社和农村信用合作社开立支票存款账户的企业、其他组织和个人。

第十二条　票据法所称"保证人"，是指具有代为清偿票据债务能力的法人、其他组织或者个人。

国家机关、以公益为目的的事业单位、社会团体、企业法人的分支机构和职能部门不得为保证人；但是，法律另有规定的除外。

第十三条　银行汇票上的出票人的签章、银行承兑商业汇票的签章，为该银行的汇票专用章加其法定代表人或者其授权的代理人的签名或者盖章。

银行本票上的出票人的签章，为该银行的本票专用章加其法定代表人或者其授权的代理人的签名或者盖章。

银行汇票专用章、银行本票专用章须经中国人民银行批准。

第十四条　商业汇票上的出票人的签章，为该单位的财务专用章或者公章加其法定代表人或者其授权的代理人的签名或者盖章。

第十五条　支票上的出票人的签章，出票人为单位的，为与该单位在银行预留签章一致的财务专用章或者公章加其法定代表人或者其授权的代理人的签名或者盖章；出票人为个人的，为与该个人在银行预留签章一致的签名或者盖章。

第十六条　票据法所称"本名"，是指符合法律、行政法规以及国家有关规定的身份证件上的姓名。

第十七条　出票人在票据上的签章不符合票据法和本办法规定的，票据无效；背书人、承兑人、保证人在票据上的签章不符合票据法和本办法规定的，其签章无效，但是不影响票据上其他签章的效力。

第十八条　票据法所称"代理付款人"，是指根据付款人的委托，代其支付票据金额的银行、城市信用合作社和农村信用合作社。

第十九条　票据法规定可以办理挂失止付的票据，失票人可以依照票据法的规定及时通知付款人或者代理付款人挂失止付。

失票人通知票据的付款人或者代理付款人挂失止付时，应当填写挂失止付通知书并签章。挂失止付通知书应当记载下列事项：

(一)票据丧失的时间和事由；

(二)票据种类、号码、金额、出票日期、付款日期、付款人名称、收款人名称；

(三)挂失止付人的名称、营业场所或者住所以及联系方法。

第二十条　付款人或者代理付款人收到挂失止付通知书，应当立即暂停支付。付款人或者代理付款人自收到挂失止付通知书之日起12日内没有收到人民法院的止付通知书的，自第13日起，挂失止付通知书失效。

第二十一条　付款人或者代理付款人在收到挂失止付通知书前，已经依法向持票人付款的，不再接受挂失止付。

第二十二条　申请人申请开立支票存款账户的，银行、城市信用合作社和农村信用合作社可以与申请人约定在支票上使用支付密码，作为支付支票金额的条件。

第二十三条　保证人应当依照票据法的规定，在票据或者其粘单上记载保证事项。保证人为出票人、付款人、承兑人保证的，应当在票据的正面记载保证事项；保证人为背书人保证的，应当在票据的背面或者其粘单上记载保证事项。

第二十四条　依法背书转让的票据，任何单位和个人不得冻结票据款项；但是，法律另有规定的除外。

第二十五条　票据法第五十五条所称"签收"，是指持票人在票据的正面签章，表明持票人已经获得付款。

第二十六条　通过委托收款银行或者通过票据交换系统向付款人提示付款的，持票人向银行提交票据日为提示付款日。

第二十七条　票据法第六十二条所称"拒绝证明"应当包括下列事项：

(一)被拒绝承兑、付款的票据的种类及其主要记载事项；

(二)拒绝承兑、付款的事实依据和法律依据；

(三)拒绝承兑、付款的时间；

(四)拒绝承兑人、拒绝付款人的签章。

票据法第六十二条所称"退票理由书"应当包括下列事项：

(一)所退票据的种类；

(二)退票的事实依据和法律依据；

(三)退票时间；

(四)退票人签章。

第二十八条　票据法第六十三条规定的"其他有关证明"是指：

(一)医院或者有关单位出具的承兑人、付款人死亡的证明；

(二)司法机关出具的承兑人、付款人逃匿的证明；

(三)公证机关出具的具有拒绝证明效力的文书。

第二十九条　票据法第七十条第一款第(二)项、第七十一条第一款第(二)项规定的"利率"，是指中国人民银行规定的流动资金贷款利率。

第三十条　有票据法第一百零三条所列行为之一，情节轻微，不构成犯罪的，由公安机关依法予以处罚。

第三十一条　签发空头支票或者签发与其预留的签章不符的支票，不以骗取财物为目的的，由中国人民银行处以票面金额5%但不低于1 000元的罚款；持票人有权要求出票人赔偿支票金额2%的赔偿金。

第三十二条　金融机构的工作人员在票据业务中玩忽职守，对违反票据法和本办法规定的票据予以承兑、付款、保证或者贴现的，对直接负责的主管人员和其他直接责任人员给予警告、记过、撤职或者开除的处分；造成重大损失，构成犯罪的，依法追究刑事责任。

第三十三条　票据的付款人对见票即付或者到期的票据，故意压票、拖延支付的，由中国人民银行处以压票、拖延支付期间内每日票据金额0.7‰的罚款；对直接负责的主管人员和其他直接责任人员给予警告、记过、撤职或者开除的处分。

第三十四条　违反中国人民银行规定，擅自印制票据的，由中国人民银行责令改正，处以1万元以上20万元以下的罚款；情节严重的，中国人民银行有权提请有关部门吊销其营业执照。

第三十五条　票据的格式、联次、颜色、规格及防伪技术要求和印制，由中国人民银行规定。

中国人民银行在确定票据格式时，可以根据少数民族地区和外国驻华使领馆的实际需要，在票据格式中增加少数民族文字或者外国文字。

第三十六条　本办法自 1997 年 10 月 1 日起施行。

支付结算办法　银发〔1997〕393 号

颁布时间：1997-9-19　　发文单位：中国人民银行

第一章　总则

第一条　为了规范支付结算行为，保障支付结算活动中当事人的合法权益，加速资金周转和商品流通，促进社会主义市场经济的发展，依据《中华人民共和国票据法》（以下简称《票据法》）和《票据管理实施办法》以及有关法律、行政法规，制定本办法。

第二条　中华人民共和国境内人民币的支付结算适用本办法，但中国人民银行另有规定的除外。

第三条　本办法所称支付结算是指单位、个人在社会经济活动中使用票据、信用卡和汇兑、托收承付、委托收款等结算方式进行货币给付及其资金清算的行为。

第四条　支付结算工作的任务，是根据经济往来组织支付结算，准确、及时、安全办理支付结算，按照有关法律、行政法规和本办法的规定管理支付结算，保障支付结算活动的正常进行。

第五条　银行、城市信用合作社、农村信用合作社（以下简称银行）以及单位和个人（含个体工商户），办理支付结算必须遵守国家的法律、行政法规和本办法的各项规定，不得损害社会公共利益。

第六条　银行是支付结算和资金清算的中介机构。未经中国人民银行批准的非银行金融机构和其他单位不得作为中介机构经营支付结算业务。但法律、行政法规另有规定的除外。

第七条　单位、个人和银行应当按照《银行账户管理办法》的规定开立、使用账户。

第八条　在银行开立存款账户的单位和个人办理支付结算，账户内须有足够的资金保证支付，本办法另有规定的除外。没有开立存款账户的个人向银行交付款项后，也可以通过银行办理支付结算。

第九条　票据和结算凭证是办理支付结算的工具。单位、个人和银行办理支付结算，必须使用按中国人民银行统一规定印制的票据凭证和统一规定的结算凭证。未使用按中国人民银行统一规定印制的票据，票据无效；未使用中国人民银行统一规定格式的结算凭证，银行不予受理。

第十条　单位、个人和银行签发票据、填写结算凭证，应按照本办法和附一《正确填写票据和结算凭证的基本规定》记载，单位和银行的名称应当记载全称或者规范化简称。

第十一条　票据和结算凭证上的签章，为签名、盖章或者签名加盖章。

单位、银行在票据上的签章和单位在结算凭证上的签章，为该单位、银行的盖章加其法定代表人或其授权的代理人的签名或盖章。

个人在票据和结算凭证上的签章，应为该个人本名的签名或盖章。

第十二条　票据和结算凭证的金额、出票或签发日期、收款人名称不得更改，更改的票据无效；更改的结算凭证，银行不予受理。对票据和结算凭证上的其他记载事项，原记载人可以更改，更改时应当由原记载人在更改处签章证明。

第十三条　票据和结算凭证金额以中文大写和阿拉伯数码同时记载，二者必须一致，二者不一致的票据无效；二者不一致的结算凭证，银行不予受理。少数民族地区和外国驻华使领馆根据实际需要，金额大写可以使用少数民族文字或者外国文字记载。

第十四条　票据和结算凭证上的签章和其他记载事项应当真实，不得伪造、变造。票据上有伪造、变造的签章的，不影响票据上其他当事人真实签章的效力。本条所称的伪造是指无权限人假冒他人或虚构人名义签章的行为。签章的变造属于伪造。本条所称的变造是指无权更改票据内容的人，对票据上签章以外的记载事项加以改变的行为。

第十五条　办理支付结算需要交验的个人有效身份证件是指居民身份证、军官证、警官证、文职干部证、士兵证、户口簿、护照、港澳台同胞回乡证等符合法律、行政法规以及国家有关规定的身份证件。

第十六条　单位、个人和银行办理支付结算必须遵守下列原则：

一、恪守信用，履约付款；

二、谁的钱进谁的账，由谁支配；

三、银行不垫款。

第十七条　银行以善意且符合规定和正常操作程序审查，对伪造、变造的票据和结算凭证上的签章以及需要交验的个人有效身份证件，未发现异常而支付金额的，对出票人或付款人不再承担受委托付款的责任，对持票人或收款人不再承担付款的责任。

第十八条　依法背书转让的票据，任何单位和个人不得冻结票据款项。但是法律另有规定的除外。

第十九条　银行依法为单位、个人在银行开立的基本存款账户、一般存款账户、专用存款账户和临时存款账户的存款保密，维护其资金的自主支配权。对单位、个人在银行开立上述存款账户的存款，除国家法律、行政法规另有规定外，银行不得为任何单位或者个人查询；除国家法律另有规定外，银行不代任何单位或者个人冻结、扣款，不得停止单位、个人存款的正常支付。

第二十条　支付结算实行集中统一和分级管理相结合的管理体制。

中国人民银行总行负责制定统一的支付结算制度，组织、协调、管理、监督全国的支付结算工作，调解、处理银行之间的支付结算纠纷。中国人民银行省、自治区、直辖市分行根据统一的支付结算制度制定实施细则，报总行备案；根据需要可以制定单项支付结算办法，报经中国人民银行总行批准后执行。中国人民银行分、支行负责组织。协调、管理、监督本辖区的支付结算工作，调解、处理本辖区银行之间的支付结算纠纷。

政策性银行、商业银行总行可以根据统一的支付结算制度，结合本行情况，制定具体管理实施办法，报经中国人民银行总行批准后执行。政策性银行、商业银行负责组织、管理、协调本行内的支付结算工作，调解、处理本行内分支机构之间的支付结算纠纷。

第二章　票据
第一节　基本规定

第二十一条　本办法所称票据，是指银行汇票、商业汇票、银行本票和支票。

第二十二条　票据的签发、取得和转让，必须具有真实的交易关系和债权债务关系。

票据的取得，必须给付对价。但因税收、继承、赠与可以依法无偿取得票据的，不受给付对价的限制。

第二十三条　银行汇票的出票人在票据上的签章，应为经中国人民银行批准使用的该银行汇票专用章加其法定代表人或其授权经办人的签名或者盖章。银行承兑商业汇票、办理商业汇票转贴现、再贴现时的签章，应为经中国人民银行批准使用的该银行汇票专用章加其法定代表人或其授权经办人的签名或者盖章。银行本票的出票人在票据上的签章，应为经中国人民银行批准使用的该银行本票专用章加其法定代表人或其授权经办人的签名或者盖章。单位在票据上的签章，应为该单位的财务专用章或者公章加其法定代表人或其授权的代理人的签名或者盖章。个人在票据上的签章，应为该个人的签名或者盖章。支票的出票人和商业承兑汇票的承兑人在票据上的签章，应为其预留银行的签章。

第二十四条　出票人在票据上的签章不符合《票据法》《票据管理实施办法》和本办法规定的，票据无效；承兑人、保证人在票据上的签章不符合《票据法》《票据管理实施办法》和本办法规定的，其签章无效，但不影响其他符合规定签章的效力；背书人在票据上的签章不符合《票据法》《票据管理实施办法》和本办法规定的，其签章无效，但不影响其前手符合规定签章的效力。

第二十五条　出票人在票据上的记载事项必须符合《票据法》《票据管理实施办法》和本办法的规定。票据上可以记载《票据法》和本办法规定事项以外的其他出票事项，但是该记载事项不具有票据上的效力，银行不负审查责任。

第二十六条　区域性银行汇票仅限于出票人向本区域内的收款人出票，银行本票和支票仅限于出票人向其票据交换区域内的收款人出票。

第二十七条　票据可以背书转让，但填明现金字样的银行汇票、银行本票和用于支取现金的支票不得背书转让。区域性银行汇票仅限于在本区域内背书转让。银行本票、支票仅限于在其票据交换区域内背书转让。

第二十八条　区域性银行汇票和银行本票、支票出票人向规定区域以外的收款人出票的，背书人向规定区域以外的被背书人转让票据的，区域外的银行不予受理，但出票人、背书人仍应承担票据责任。

第二十九条　票据背书转让时，由背书人在票据背面签章、记载被背书人名称和背书日期。背书未记载日期的，视为在票据到期日前背书。持票人委托银行收款或以票据质押的，除按上款规定记载背书外，还应在背书人栏记载"委托收款"或"质押"字样。

第三十条　票据出票人在票据正面记载"不得转让"字样的，票据不得转让；其直接后手再背书转让的，出票人对其直接后手的被背书人不承担保证责任，对被背书人提示付款或委托收款的票据，银行不予受理。

票据背书人在票据背面背书人栏记载"不得转让"字样的，其后手再背书转让的，记载"不得转让"字样的背书人对其后手的被背书人不承担保证责任。

第三十一条　票据被拒绝承兑、拒绝付款或者超过付款提示期限的，不得背书转让。背书转让的，背书人应当承担票据责任。

第三十二条　背书不得附有条件。背书附有条件的，所附条件不具有票据上的效力。

第三十三条　以背书转让的票据，背书应当连续。持票人以背书的连续，证明其票据权利。非经背书转让，而以其他合法方式取得票据的，依法举证，证明其票据权利。背书连续，是指票据第一次背书转让的背书人是票据上记载的收款人，前次背书转让的被背书人是后一次背书转让的背书人，依次前后衔接，最后一次背书转让的被背书人是票据的最后持票人。

第三十四条　票据的背书人应当在票据背面的背书栏依次背书。背书栏不敷背书的，可以使用统一格式的粘单，粘附于票据凭证上规定的粘接处。粘单上的第一记载人，应当在票据和粘单的粘接处签章。

第三十五条　银行汇票、商业汇票和银行本票的债务可以依法由保证人承担保证责任。保证人必须按照《票据法》的规定在票据上记载保证事项。保证人为出票人、承兑人保证的，应将保证事项记载在票据的正面；保证人为背书人保证的，应将保证事项记载在票据的背面或粘单上。

第三十六条　商业汇票的持票人超过规定期限提示付款的，丧失对其前手的追索权，持票人在作出说明后，仍可以向承兑人请求付款。银行汇票、银行本票的持票人超过规定期限提示付款的，丧失对出票人以外的前手的追索权，持票人在作出说明后，仍可以向出票人请求付款。支票的持票人超过规定的期限提示付款的，丧失对出票人以外的前手的追索权。

第三十七条　通过委托收款银行或者通过票据交换系统向付款人或代理付款人提示付款的，视同持票人提示付款；其提示付款日期以持票人向开户银行提交票据日为准。付款人或代理付款人应于见票当日足额付款。本条所称"代理付款人"是指根据付款人的委托，代理其支付票据金额的银行。

第三十八条　票据债务人对下列情况的持票人可以拒绝付款：

(一)对不履行约定义务的与自己有直接债权债务关系的持票人；

(二)以欺诈、偷盗或者胁迫等手段取得票据的持票人；

(三)对明知有欺诈、偷盗或者胁迫等情形，出于恶意取得票据的持票人；

(四)明知债务人与出票人或者持票人的前手之间存在抗辩事由而取得票据的持票人；

(五)因重大过失取得不符合《票据法》规定的票据的持票人；

(六)对取得背书不连续票据的持票人；

(七)符合《票据法》规定的其他抗辩事由。

第三十九条　票据债务人对下列情况不得拒绝付款：

(一)与出票人之间有抗辩事由；

(二)与持票人的前手之间有抗辩事由。

第四十条　票据到期被拒绝付款或者在到期前被拒绝承兑，承兑人或付款人死亡、逃匿的，承兑人或付款人被依法宣告破产的或者因违法被责令终止业务活动的，持票人可以对背书人、出票人以及票据的其他债务人行使追索权。

持票人行使追索权，应当提供被拒绝承兑或者被拒绝付款的拒绝证明或者退票理由书以及其他有关证明。

第四十一条　本办法所称"拒绝证明"应当包括下列事项：

(一)被拒绝承兑、付款的票据种类及其主要记载事项；

(二)拒绝承兑、付款的事实依据和法律依据；

(三)拒绝承兑、付款的时间；

(四)拒绝承兑人、拒绝付款人的签章。

第四十二条　本办法所称退票理由书应当包括下列事项：

(一)所退票据的种类；

(二)退票的事实依据和法律依据；

(三)退票时间；

(四)退票人签章。

第四十三条　本办法所称的其他证明是指：

(一)医院或者有关单位出具的承兑人、付款人死亡证明；

(二)司法机关出具的承兑人、付款人逃匿的证明；

(三)公证机关出具的具有拒绝证明效力的文书。

第四十四条　持票人应当自收到被拒绝承兑或者被拒绝付款的有关证明之日起3日内，将被拒绝事由书面通知其前手；其前手应当自收到通知之日起3日内书面通知其再前手。持票人也可以同时向各票据债务人发出书面通知。

未按照前款规定期限通知的，持票人仍可以行使追索权。

第四十五条　持票人可以不按照票据债务人的先后顺序，对其中任何一人、数人或者全体行使追索权。

持票人对票据债务人中的一人或者数人已经进行追索的，对其他票据债务人仍可以行使追索权。被追索人清偿债务后，与持票人享有同一权利。

第四十六条　持票人行使追索权，可以请求被追索人支付下列金额和费用：

(一)被拒绝付款的票据金额；

(二)票据金额自到期日或者提示付款日起至清偿日止按照中国人民银行规定的同档次流动资金贷款利率计算的利息；

(三)取得有关拒绝证明和发出通知书的费用。

被追索人清偿债务时，持票人应当交出票据和有关拒绝证明，并出具所收到利息和费用的收据。

第四十七条　被追索人依照前条规定清偿后，可以向其他票据债务人行使再追索权，请求其他票据债务人支付下列金额和费用：

(一)已清偿的全部金额；

(二)前项金额自清偿日起至再追索清偿日止，按照中国人民银行规定的同档次流动资金贷款利率计算的利息；

(三)发出通知书的费用。

行使再追索权的被追索人获得清偿时，应当交出票据和有关拒绝证明，并出具所收到利息和费用的收据。

第四十八条　已承兑的商业汇票、支票、填明"现金"字样和代理付款人的银行汇票以及填明"现金"字样的银行本票丧失，可以由失票人通知付款人或者代理付款人挂失止付。

未填明"现金"字样和代理付款人的银行汇票以及未填明"现金"字样的银行本票丧失，不得挂失止付。

第四十九条　允许挂失止付的票据丧失，失票人需要挂失止付的，应填写挂失止付通

知书并签章。挂失止付通知书应当记载下列事项:

(一)票据丧失的时间、地点、原因;

(二)票据的种类、号码、金额、出票日期、付款日期、付款人名称、收款人名称;

(三)挂失止付人的姓名、营业场所或者住所以及联系方法。

欠缺上述记载事项之一的,银行不予受理。

第五十条 付款人或者代理付款人收到挂失止付通知书后,查明挂失票据确未付款时,应立即暂停支付。付款人或者代理付款人自收到挂失止付通知书之日起12日内没有收到人民法院的止付通知书的,自第13日起,持票人提示付款并依法向持票人付款的,不再承担责任。

第五十一条 付款人或者代理付款人在收到挂失止付通知书之前,已经向持票人付款的,不再承担责任。但是,付款人或者代理付款人以恶意或者重大过失付款的除外。

第五十二条 银行汇票的付款地为代理付款人或出票人所在地,银行本票的付款地为出票人所在地,商业汇票的付款地为承兑人所在地,支票的付款地为付款人所在地。

第二节 银行汇票

第五十三条 银行汇票是出票银行签发的,由其在见票时按照实际结算金额无条件支付给收款人或者持票人的票据。

银行汇票的出票银行为银行汇票的付款人。

第五十四条 单位和个人各种款项结算,均可使用银行汇票。

银行汇票可以用于转账,填明"现金"字样的银行汇票也可以用于支取现金。

第五十五条 银行汇票的出票和付款,全国范围限于中国人民银行和各商业银行参加"全国联行往来"的银行机构办理。跨系统银行签发的转账银行汇票的付款,应通过同城票据交换将银行汇票和解讫通知提交给同城的有关银行审核支付后抵用。代理付款人不得受理未在本行开立存款账户的持票人为单位直接提交的银行汇票。省、自治区、直辖市内和跨省、市的经济区域内银行汇票的出票和付款,按照有关规定办理。

银行汇票的代理付款人是代理本系统出票银行或跨系统签约银行审核支付汇票款项的银行。

第五十六条 签发银行汇票必须记载下列事项:

(一)表明银行汇票的字样;

(二)无条件支付的承诺;

(三)出票金额;

(四)付款人名称;

(五)收款人名称;

(六)出票日期;

(七)出票人签章。

欠缺记载上列事项之一的,银行汇票无效。

第五十七条 银行汇票的提示付款期限自出票日起1个月。

持票人超过付款期限提示付款的,代理付款人不予受理。

第五十八条 申请人使用银行汇票,应向出票银行填写"银行汇票申请书",填明收款人名称、汇票金额、申请人名称、申请日期等事项并签章,签章为其预留银行的签章。

申请人和收款人均为个人，需要使用银行汇票向代理付款人支取现金的，申请人须在"银行汇票申请书"上填明代理付款人名称，在"汇票金额"栏先填写"现金"字样，后填写汇票金额。

申请人或者收款人为单位的，不得在"银行汇票申请书"上填明现金字样。

第五十九条　出票银行受理银行汇票申请书，收妥款项后签发银行汇票，并用压数机压印出票金额，将银行汇票和解讫通知一并交给申请人。

签发转账银行汇票，不得填写代理付款人名称，但由人民银行代理兑付银行汇票的商业银行，向设有分支机构地区签发转账银行汇票的除外。

签发现金银行汇票，申请人和收款人必须均为个人，收妥申请人交存的现金后，在银行汇票"出票金额"栏先填写"现金"字样，后填写出票金额，并填写代理付款人名称。申请人或者收款人为单位的，银行不得为其签发现金银行汇票。

第六十条　申请人应将银行汇票和解讫通知一并交付给汇票上记明的收款人。

收款人受理银行汇票时，应审查下列事项：

(一)银行汇票和解讫通知是否齐全、汇票号码和记载的内容是否一致；

(二)收款人是否确为本单位或本人；

(三)银行汇票是否在提示付款期限内；

(四)必须记载的事项是否齐全；

(五)出票人签章是否符合规定，是否有压数机压印的出票金额，并与大写出票金额一致；

(六)出票金额、出票日期、收款人名称是否更改，更改的其他记载事项是否由原记载人签章证明。

第六十一条　收款人受理申请人交付的银行汇票时，应在出票金额以内，根据实际需要的款项办理结算，并将实际结算金额和多余金额准确、清晰地填入银行汇票和解讫通知的有关栏内。未填明实际结算金额和多余金额或实际结算金额超过出票金额的，银行不予受理。

第六十二条　银行汇票的实际结算金额不得更改，更改实际结算金额的银行汇票无效。

第六十三条　收款人可以将银行汇票背书转让给被背书人。

银行汇票的背书转让以不超过出票金额的实际结算金额为准。未填写实际结算金额或实际结算金额超过出票金额的银行汇票不得背书转让。

第六十四条　被背书人受理银行汇票时，除按照第六十条的规定审查外，还应审查下列事项：

(一)银行汇票是否记载实际结算金额，有无更改，其金额是否超过出票金额；

(二)背书是否连续，背书人签章是否符合规定，背书使用粘单的是否按规定签章；

(三)背书人为个人的身份证件。

第六十五条　持票人向银行提示付款时，必须同时提交银行汇票和解讫通知，缺少任何一联，银行不予受理。

第六十六条　在银行开立存款账户的持票人向开户银行提示付款时，应在汇票背面"持票人向银行提示付款签章"处签章，签章须与预留银行签章相同，并将银行汇票和解讫通知、进账单送交开户银行。银行审查无误后办理转账。

第六十七条　未在银行开立存款账户的个人得票人，可以向选择的任何一家银行机构提示付款。提示付款时，应在汇票背面"持票人向银行提示付款签章"处签章，并填明本人身份证件名称、号码及发证机关。由其本人向银行提交身份证件及其复印件。银行审核无误后，将其身份证件复印件留存备查，并以持票人的姓名开立应解汇款及临时存款账户，该账户只付不收，付完清户，不计付利息。

转账支付的，应由原持票人向银行填写支款凭证，并由本人交验其身份证件办理支付款项。该账户的款项只能转入单位或个体工商户的存款账户，严禁转入储蓄和信用卡账户。

支取现金的，银行汇票上必须有出票银行按规定填明的"现金"字样，才能办理。未填明"现金"字样，需要支取现金的，由银行按照国家现金管理规定审查支付。

持票人对填明"现金"字样的银行汇票，需要委托他人向银行提示付款的，应在银行汇票背面背书栏签章，记载"委托收款"字样、被委托人姓名和背书日期以及委托人身份证件名称、号码、发证机关。被委托人向银行提示付款时，也应在银行汇票背面"持票人向银行提示付款签章"处签章，记载证件名称、号码及发证机关，并同时向银行交验委托人和被委托人的身份证件及其复印件。

第六十八条 银行汇票的实际结算金额低于出票金额的，其多余金额由出票银行退交申请人。

第六十九条 持票人超过期限向代理付款银行提示付款不获付款的，须在票据权利时效内向出票银行作出说明，并提供本人身份证件或单位证明，持银行汇票和解讫通知向出票银行请求付款。

第七十条 申请人因银行汇票超过付款提示期限或其他原因要求退款时，应将银行汇票和解讫通知同时提交到出票银行。申请人为单位的，应出具该单位的证明；申请人为个人的，应出具该本人的身份证件。对于代理付款银行查询的该张银行汇票，应在汇票提示付款期满后方能办理退款。出票银行对于转账银行汇票的退款，只能转入原申请人账户；对于符合规定填明"现金"字样银行汇票的退款，才能退付现金。

申请人缺少解讫通知要求退款的，出票银行应于银行汇票提示付款期满1个月后办理。

第七十一条 银行汇票丧失，失票人可以凭人民法院出具的其享有票据权利的证明，向出票银行请求付款或退款。

第三节　商业汇票

第七十二条 商业汇票是出票人签发的，委托付款人在指定日期无条件支付确定的金额给收款人或者持票人的票据。

第七十三条 商业汇票分为商业承兑汇票和银行承兑汇票。

商业承兑汇票由银行以外的付款人承兑。

银行承兑汇票由银行承兑。

商业汇票的付款人为承兑人。

第七十四条 在银行开立存款账户的法人以及其他组织之间，必须具有真实的交易关系或债权债务关系，才能使用商业汇票。

第七十五条 商业承兑汇票的出票人，为在银行开立存款账户的法人以及其他组织，与付款人具有真实的委托付款关系，具有支付汇票金额的可靠资金来源。

第七十六条 银行承兑汇票的出票人必须具备下列条件：

(一)在承兑银行开立存款账户的法人以及其他组织；

(二)与承兑银行具有真实的委托付款关系;

(三)资信状况良好,具有支付汇票金额的可靠资金来源。

第七十七条　出票人不得签发无对价的商业汇票用以骗取银行或者其他票据当事人的资金。

第七十八条　签发商业汇票必须记载下列事项:

(一)表明"商业承兑汇票"或"银行承兑汇票"的字样;

(二)无条件支付的委托;

(三)确定的金额;

(四)付款人名称;

(五)收款人名称;

(六)出票日期;

(七)出票人签章。

欠缺记载上列事项之一的,商业汇票无效。

第七十九条　商业承兑汇票可以由付款人签发并承兑,也可以由收款人签发交由付款人承兑。

银行承兑汇票应由在承兑银行开立存款账户的存款人签发。

第八十条　商业汇票可以在出票时向付款人提示承兑后使用,也可以在出票后先使用再向付款人提示承兑。

定日付款或者出票后定期付款的商业汇票,持票人应当在汇票到期日前向付款人提示承兑。见票后定期付款的汇票,持票人应当自出票日起 1 个月内向付款人提示承兑。

汇票未按照规定期限提示承兑的,持票人丧失对其前手的追索权。

第八十一条　商业汇票的付款人接到出票人或持票人向其提示承兑的汇票时,应当向出票人或持票人签发收到汇票的回单,记明汇票提示承兑日期并签章。付款人应当在自收到提示承兑的汇票之日起 3 日内承兑或者拒绝承兑。

付款人拒绝承兑的,必须出具拒绝承兑的证明。

第八十二条　商业汇票的承兑银行,必须具备下列条件:

(一)与出票人具有真实的委托付款关系;

(二)具有支付汇票金额的可靠资金;

(三)内部管理完善,经其法人授权的银行审定。

第八十三条　银行承兑汇票的出票人或持票人向银行提示承兑时,银行的信贷部门负责按照有关规定和审批程序,对出票人的资格、资信、购销合同和汇票记载的内容进行认真审查,必要时可由出票人提供担保。符合规定和承兑条件的,与出票人签订承兑协议。

第八十四条　付款人承兑商业汇票,应当在汇票正面记载承兑字样和承兑日期并签章。

第八十五条　付款人承兑商业汇票,不得附有条件;承兑附有条件的,视为拒绝承兑。

第八十六条　银行承兑汇票的承兑银行,应按票面金额向出票人收取万分之五的手续费。

第八十七条　商业汇票的付款期限,最长不得超过 6 个月。

定日付款的汇票付款期限自出票日起计算,并在汇票上记载具体的到期日。

出票后定期付款的汇票付款期限自出票日起按月计算,并在汇票上记载。

见票后定期付款的汇票付款期限自承兑或拒绝承兑日起按月计算，并在汇票上记载。

第八十八条　商业汇票的提示付款期限，自汇票到期日起10日。

持票人应在提示付款期限内通过开户银行委托收款或直接向付款人提示付款。对异地委托收款的，持票人可匡算邮程，提前通过开户银行委托收款。持票人超过提示付款期限提示付款的，持票人开户银行不予受理。

第八十九条　商业承兑汇票的付款人开户银行收到通过委托收款寄来的商业承兑汇票，将商业承兑汇票留存，并及时通知付款人。

(一)付款人收到开户银行的付款通知，应在当日通知银行付款。付款人在接到通知日的次日起3日内(遇法定休假日顺延，下同)未通知银行付款的，视同付款人承诺付款，银行应于付款人接到通知日的次日起第4日(法定休假日顺延，下同)上午开始营业时，将票款划给持票人。付款人提前收到由其承兑的商业汇票，应通知银行于汇票到期日付款。付款人在接到通知日的次日起3日内未通知银行付款，付款人接到通知日的次日起第4日在汇票到期日之前的，银行应于汇票到期日将票款划给持票人。

(二)银行在办理划款时，付款人存款账户不足支付的，应填写付款人未付票款通知书，连同商业承兑汇票邮寄持票人开户银行转交持票人。

(三)付款人存在合法抗辩事由拒绝支付的，应自接到通知日的次日起3日内，作出拒绝付款证明送交开户银行，银行将拒绝付款证明和商业承兑汇票邮寄持票人开户银行转交持票人。

第九十条　银行承兑汇票的出票人应于汇票到期前将票款足额交存其开户银行。承兑银行应在汇票到期日或到期日后的见票当日支付票款。

承兑银行存在合法抗辩事由拒绝支付的，应自接到商业汇票的次日起3日内，作为拒绝付款证明，连同商业银行承兑汇票邮寄持票人开户银行转交持票人。

第九十一条　银行承兑汇票的出票人于汇票到期日未能足额交存票款时，承兑银行除凭票向持票人无条件付款外，对出票人尚未支付的汇票金额按照每天万分之五计收利息。

第九十二条　商业汇票的持票人向银行办理贴现必须具备下列条件：

(一)在银行开立存款账户的企业法人以及其他组织；

(二)与出票人或者直接前手之间具有真实的商品交易关系；

(三)提供与其直接前手之间的增值税发票和商品发运单据复印件。

第九十三条　符合条件的商业汇票的持票人可持未到期的商业汇票连同贴现凭证向银行申请贴现。贴现银行可持未到期的商业汇票向其他银行转贴现，也可向中国人民银行申请再贴现。贴现、转贴现、再贴现时，应做成转让背书，并提供贴现申请人与其直接前手之间的增值税发票和商品发运单据复印件。

第九十四条　贴现、转贴现和再贴现的期限从其贴现之日起至汇票到期日止。实付贴现金额按票面金额扣除贴现日至汇票到期前1日的利息计算。承兑人在异地的，贴现、转贴现和再贴现的期限以及贴现利息的计算应另加3天的划款日期。

第九十五条　贴现、转贴现、再贴现到期，贴现、转贴现、再贴现银行应向付款人收取票款。不获付款的，贴现、转贴现、再贴现银行应向其前手追索票款。贴现、再贴现银行追索票款时可从申请人的存款账户收取票款。

第九十六条　存款人领购商业汇票，必须填写票据和结算凭证领用单并签章，签章应与预留银行的签章相符。存款账户结清时，必须将全部剩余空白商业汇票交回银行注销。

第四节　银行本票

第九十七条　银行本票是银行签发的，承诺自己在见票时无条件支付确定的金额给收款人或者持票人的票据。

第九十八条　单位和个人在同一票据交换区域需要支付各种款项，均可以使用银行本票。

银行本票可以用于转账，注明现金字样的银行本票可以用于支取现金。

第九十九条　银行本票分为不定额本票和定额本票两种。

第一百条　银行本票的出票人，为经中国人民银行当地分支行批准办理银行本票业务的银行机构。

第一百零一条　签发银行本票必须记载下列事项:

(一)表明银行本票的字样;

(二)无条件支付的承诺;

(三)确定的金额;

(四)收款人名称;

(五)出票日期;

(六)出票人签章。

欠缺记载上列事项之一的，银行本票无效。

第一百零二条　定额银行本票面额为1 000元、5 000元、1万元和5万元。

第一百零三条　银行本票的提示付款期限自出票日起最长不得超过2个月。

持票人超过付款期限提示付款的，代理付款人不予受理。

银行本票的代理付款人是代理出票银行审核支付银行本票款项的银行。

第一百零四条　申请人使用银行本票，应向银行填写"银行本票申请书"，填明收款人名称、申请人名称、支付金额、申请日期等事项并签章。申请人和收款人均为个人需要支取现金的，应在"支付金额"栏先填写"现金"字样，后填写支付金额。申请人或收款人为单位的，不得申请签发现金银行本票。

第一百零五条　出票银行受理银行本票申请书，收妥款项签发银行本票。用于转账的，在银行本票上划去"现金"字样;申请人和收款人均为个人需要支取现金的，在银行本票上划去"转账"字样。不定额银行本票用压数机压印出票金额。出票银行在银行本票上签章后交给申请人。申请人或收款人为单位的，银行不得为其签发现金银行本票。

第一百零六条　申请人应将银行本票交付给本票上记明的收款人。收款人受理银行本票时，应审查下列事项:

(一)收款人是否确为本单位或本人;

(二)银行本票是否在提示付款期限内;

(三)必须记载的事项是否齐全;

(四)出票人签章是否符合规定，不定额银行本票是否有压数机压印的出票金额，并与大写出票金额一致;

(五)出票金额、出票日期、收款人名称是否更改，更改的其他记载事项是否由原记载人签章证明。

第一百零七条　收款人可以将银行本票背书转让给被背书人。被背书人受理银行本票时，除按照第一百零六条的规定审查外，还应审查下列事项：

(一)背书是否连续，背书人签章是否符合规定，背书使用粘单的是否按规定签章；

(二)背书人为个人的身份证件。

第一百零八条　银行车票见票即付。跨系统银行本票的兑付，持票人开户银行可根据中国人民银行规定的金融机构同业往来利率向出票银行收取利息。

第一百零九条　在银行开立存款账户的持票人向开户银行提示付款时，应在银行本票背面"持票人向银行提示付款签章"处签章，签章须与预留银行签章相同，并将银行本票、进账单送交开户银行。银行审查无误后办理转账。

第一百一十条　未在银行开立存款账户的个人持票人，凭注明"现金"字样的银行本票向出票银行支取现金的，应在银行本票背面签章，记载本人身份证件名称、号码及发证机关，并交验本人身份证件及其复印件。

持票人对注明"现金"字样的银行本票需要委托他人向出票银行提示付款的，应在银行本票背面"持票人向银行提示付款签章"处签章，记载"委托收款"字样、被委托人姓名和背书日期以及委托人身份证件名称、号码、发证机关。被委托人向出票银行提示付款时，也应在银行本票背面"持票人向银行提示付款签章"处签章，记载证件名称、号码及发证机关，并同时交验委托人和被委托人的身份证件及其复印件。

第一百一十一条　持票人超过提示付款期限不获付款的，在票据权利时效内向出票银行作出说明，并提供本人身份证件或单位证明，可持银行本票向出票银行请求付款。

第一百一十二条　申请人因银行本票超过提示付款期限或其他原因要求退款时，应将银行本票提交到出票银行，申请人为单位的，应出具该单位的证明；申请人为个人的，应出具该本人的身份证件。出票银行对于在本行开立存款账户的申请人，只能将款项转入原申请人账户；对于现金银行本票和未在本行开立存款账户的申请人，才能退付现金。

第一百一十三条　银行本票丧失，失票人可以凭人民法院出具的其享有票据权利的证明，向出票银行请求付款或退款。

第五节　支票

第一百一十四条　支票是出票人签发的，委托办理支票存款业务的银行在见票时无条件支付确定的金额给收款人或者持票人的票据。

第一百一十五条　支票上印有"现金"字样的为现金支票，现金支票只能用于支取现金。

支票上印有"转账"字样的为转账支票，转账支票只能用于转账。

支票上印有"现金"或"转账"字样的为普通支票，普通支票可以用于支取现金，也可以用于转账。在普通支票左上角划两条平行线的，为划线支票，划线支票只能用于转账，不得支取现金。

第一百一十六条　单位和个人在同一票据交换区域的各种款项结算，均可以使用支票。

第一百一十七条　支票的出票人，为在经中国人民银行当地分支行批准办理支票业务的银行机构开立可以使用支票的存款账户的单位和个人。

第一百一十八条　签发支票必须记载下列事项：

(一)表明"支票"的字样；

(二)无条件支付的委托;

(三)确定的金额;

(四)付款人名称;

(五)出票日期;

(六)出票人签章。

欠缺记载上列事项之一的，支票无效。

支票的付款人为支票上记载的出票人开户银行。

第一百一十九条　支票的金额、收款人名称，可以由出票人授权补记。未补记前不得背书转让和提示付款。

第一百二十条　签发支票应使用碳素墨水或墨汁填写，中国人民银行另有规定的除外。

第一百二十一条　签发现金支票和用于支取现金的普通支票，必须符合国家现金管理的规定。

第一百二十二条　支票的出票人签发支票的金额不得超过付款时在付款人处实有的存款金额。禁止签发空头支票。

第一百二十三条　支票的出票人预留银行签章是银行审核支票付款的依据。银行也可以与出票人约定使用支付密码，作为银行审核支付支票金额的条件。

第一百二十四条　出票人不得签发与其预留银行签章不符的支票;使用支付密码的，出票人不得签发支付密码错误的支票。

第一百二十五条　出票人签发空头支票、签章与预留银行签章不符的支票，使用支付密码地区，支付密码错误的支票，银行应予以退票，并按票面金额处以百分之五但不低于 1 千元的罚款;持票人有权要求出票人赔偿支票金额 2% 的赔偿金。对屡次签发的，银行应停止其签发支票。

第一百二十六条　支票的提示付款期限自出票日起 10 日，但中国人民银行另有规定的除外。超过提示付款期限提示付款的，持票人开户银行不予受理，付款人不予付款。

第一百二十七条　持票人可以委托开户银行收款或直接向付款人提示付款。用于支取现金的支票仅限于收款人向付款人提示付款。

持票人委托开户银行收款的支票，银行应通过票据交换系统收妥后入账。

持票人委托开户银行收款时，应作委托收款背书，在支票背面背书人签章栏签章、记载"委托收款"字样、背书日期，在被背书人栏记载开户银行名称，并将支票和填写的进账单送交开户银行。持票人持用于转账的支票向付款人提示付款时，应在支票背面背书人签章栏签章，并将支票和填的进账单交送出票人开户银行。收款人持用于支取现金的支票向付款人提示付款时，应在支票背面"收款人签章"处签章，持票人为个人的，还需交验本人身份证件，并在支票背面注明证件名称、号码及发证机关。

第一百二十八条　出票人在付款人处的存款足以支付支票金额时，付款人应当在见票当日足额付款。

第一百二十九条　存款人领购支票，必须填写"票据和结算凭证领用单"并签章，签章应与预留银行的签章相符。存款账户结清时，必须将全部剩余空白支票交回银行注销。

二维码

第三章 会计凭证的书写

【学习目标】

会计凭证的书写是财会工作者必须具备的一项基本技能。本章主要介绍了一些企业常用的原始凭证和记账凭证的书写标准，通过学习本章内容，要求学生能够正确、规范地填写各种原始凭证和记账凭证，做到书写正确、清晰、规范、标准。

第一节 会计凭证概述

一、会计凭证的概念

会计凭证是记录经济业务，明确经济责任的书面证明，也是登记账簿的依据。

二、会计凭证的意义

(1) 填写和审核会计凭证，可以为记账、算账提供可靠的数据资料，从而保证会计核算资料的准确性，保证会计信息的质量。

(2) 填写和审核会计凭证，可以为检查和监督经济活动的合法性、合理性提供依据，充分发挥会计的监督作用。

(3) 填写和审核会计凭证，可以明确有关部门、人员在办理经济业务中的责任。

三、会计凭证的分类

会计凭证按填写的程序和用途不同分为原始凭证和记账凭证。

第二节 原始凭证的书写

一、原始凭证的概念

原始凭证是在经济业务发生时取得或填写的数据，用以证明经济业务的发生或完成情况的书面证明，它是会计核算的原始依据。

二、原始凭证书写的基本要求

1. 记录要真实

原始凭证所填写的经济业务内容、数字，必须真实可靠，既符合国家有关政策、法令、法规、制度的要求，又要符合有关经济业务的实际情况，不得弄虚作假，更不得伪造凭证。

2. 内容要完整

原始凭证所要求填写的项目必须逐项填写齐全，不得遗漏和省略；必须符合手续完备的要求，经办业务的有关部门和人员要认真审核，签名盖章。

3. 手续要完备

单位自制的原始凭证必须有经办单位负责人或者其他指定的人员签名盖章；对外开出的原始凭证必须加盖本单位公章；从外部取得的原始凭证，必须盖有填写单位的公章；从个人取得的原始凭证，必须有填写人员的签名盖章。

4. 书写要清楚、规范

原始凭证要按规定填写，文字要简明扼要，字迹要清楚，易于辨认，不得使用未经国务院公布的简化汉字。大小写金额必须相符且填写规范，中文大写金额前未印有"人民币"字样的，应加写"人民币"三个字，"人民币"字样和中文大写金额之间不得留有空白；小写金额用阿拉伯数字逐个书写，不得写连笔字，在合计金额前要填写人民币符号"￥"，人民币符号"￥"与阿拉伯数字之间不得留有空白。

5. 编号要连续

如果原始凭证已预先印定编号，在填写错误需作废时，应加盖"作废"戳记，妥善保管，不得撕毁。

6. 不得涂改、刮擦、挖补

原始凭证有错误的，应当由出具单位重开或更正，更正处应当加盖出具单位印章。原始凭证金额数字有错误的，应当由出具单位重开，不得在原始凭证上更正。

7. 填写要及时

各种原始凭证一定要及时填写，并按规定的程序及时送交会计机构、会计人员进行审核。

三、原始凭证的书写

原始凭证按其取得的来源不同，可以分为自制原始凭证和外来原始凭证两类。下面以企业经常使用的原始凭证为例，具体介绍各种凭证的书写规范。

(一)自制原始凭证的书写

自制原始凭证是指在经济业务发生、执行或完成时，由本单位的经办人员自行填写的原始凭证。自制原始凭证按其填写手续不同，又可分为一次凭证、累计凭证、汇总原始凭证和记账编制凭证4种。

1. 一次凭证的书写

一次凭证是指只反映一项经济业务，或者同时反映若干项同类性质的经济业务，其填写手续是一次完成的会计凭证。

1) 收料单的书写

企业购进材料后，经验收入库，由仓库保管员填写收料单。

例1：2015年2月6日，明月股份有限公司采购员王菲经采购部部长刘宇同意购入甲材料一批，编号为101，数量1 000公斤，单价50元，材料经仓库保管员李梅验收后保存到A仓库，并填写收料单，如表3-1所示。

表3-1　收料单的书写

收 料 单

仓 库：A仓库　　　　　　　　　2015 年 2 月 6 日　　　　　　　　　第 2 号

材料编号	品名	规格	单位	数量	单价	金额	备注
101	甲材料		公斤	1 000	50	50 000	
合计	甲材料		公斤	1 000	50	50 000	

采购部门负责人：刘宇　　　采购员：王菲　　　　仓库保管员：李梅　　　制单：李梅

2) 借据的书写

企业各部门人员因公外出时，均可预借差旅费，应填写借据。

例2：2015年8月1日，明月股份有限公司采购部王洋出差需借款8 000元，经采购部负责人刘婷、财务部负责人高金萍、总经理刘宏达批准并签字后，到财务部门借款，并填写借据，如表3-2所示。

表3-2　借据的书写

借 据

2015 年 8 月 1 日

借款金额	捌仟元整		¥8 000.00
借款事由	出差		
领导批示	财务负责人	借款部门负责人	借款人
刘宏达	高金萍	刘婷	王洋

3) 差旅费报销单的书写

企业各部门因公外出人员出差归来后报销差旅费时，应填写差旅费报销单。

例3：2015年8月15日，明月股份有限公司王洋报销差旅费4 480元，交回现金3 520元，并填写差旅费报销单，如表3-3所示。

表3-3　差旅费报销单的书写

差 旅 费 报 销 单

2015 年 8 月 15 日

部门名称	采购部			姓　名		王洋
出差事由	采购			出差日期自 2013 年 8 月 2 日		
地　　点	杭州			至 2013 年 8 月 13 日　共 12 天		
项目金额	交　通　工　具			卧铺	住宿费	伙食费	其他
	火车	汽车	市内交通费				
	800	280	200	40	1 000	1 200	960
报销总额	人民币(大写)肆仟肆佰捌拾元整				￥4 480.00		
预借差旅费	￥8 000.00			补领金额			
				退还金额		￥3 520.00	

财务负责人：高金萍　　　　　部门领导签字：刘婷　　　　　　　领款人：王洋

4)　收据的书写

企业各部门因公外出人员报销完毕后，需归还剩余款项时，出纳员应按借款全额填写收据。

例 4：2015 年 8 月 15 日，明月股份有限公司采购部王洋报销完毕后，出纳员王微开出还款收据交给借款人，并填写收据，如表3-4 所示。

表3-4　收据的书写

收　　　　　据

2015 年 8 月 15 日

今　收　到：王洋...

人民币(大写)：捌仟元整　　　　　　　　　　　￥8 000.00元

收　款　事　由：还　款...

收　款　单　位：明月股份有限公司　　　　　　　收款人：王微

2. 累计凭证的书写

累计凭证是指在一定期间内，连续多次记载若干不断重复发生的同类经济业务，直到期末，凭证填写手续才算完成，以期末累计数作为记账依据的原始凭证。

例如，工业企业常用的限额领料单，是在一定期间内，多次连续记载不断重复发生的同类领料业务，直到期末，凭证填写手续才算完成。这样，可以简化核算手续，对材料消耗、成本管理起事先控制的作用，是企业进行计划管理的手段之一。

例 5：2015 年 8 月，明月股份有限公司生产一部负责人赵讯委派本部门领料员张虎，领取生产 A 产品需要的甲材料 3600 公斤，分多次领用，甲材料编号 101，单价 5.00 元。具体领用时间及数量如下。

2015 年 8 月 1 日，领用 500 公斤。

2015 年 8 月 5 日，领用 700 公斤。

2015 年 8 月 8 日，领用 900 公斤。

2015 年 8 月 9 日，领用 500 公斤。

2015 年 8 月 16 日，领用 800 公斤。

2015 年 8 月 25 日，领用 200 公斤。

仓库保管员王益据以填写限额领料单，如表 3-5 所示。

表 3-5　限额领料单的书写

限 额 领 料 单

2015 年 8 月

领料单位：生产一部	用途：生产 A 产品	计划产量：
材料编号：101	名称规格：甲材料	计量单位：公斤
单　　价：5.00 元	消耗定量：	领用限额：3 600

2015 年		请　领		实　发				
月	日	数量	领料单位负责人	数量	累计	发料人	领料人	限额结余
8	1	500	赵讯	500	500	王益	张虎	3 100
	5	700	赵讯	700	1 200	王益	张虎	2 400
	8	900	赵讯	900	2 100	王益	张虎	1 500
	9	500	赵讯	500	2 600	王益	张虎	1 000
	16	800	赵讯	800	3 400	王益	张虎	200
	25	200	赵讯	200	3 600	王益	张虎	0
合计		3 600		3 600	3 600			0

生产部门负责人：赵讯　　　　　　　仓库负责人：王益

3. 汇总原始凭证

汇总原始凭证是指在会计核算工作中，为简化记账凭证的编制工作，将一定时期内若干份记录同类经济业务的原始凭证按照一定的管理要求汇总编制成一张汇总凭证，用以集中反映某项经济业务总体发生情况的会计凭证。

例如，发料凭证汇总表，将一定时期内若干份记录同类材料发出经济业务的原始凭证按照一定的管理要求汇总编制成一张汇总凭证。发料凭证汇总表在大中型企业中使用非常广泛，因为它可以简化核算手续，提高核算工作效率，系统化核算资料，条理化核算过程，并直接为管理提供综合指标。

例 6：2015 年 6 月 1 日，明月股份有限公司生产时领用原材料 300 公斤，车间领用原材料 500 公斤，行政管理部门领用原材料 800 公斤；6 月 15 日生产时领用原材料 800 公斤；6 月 18 日生产时领用原材料 1 200 公斤，行政管理部门领用原材料 1200 公斤。仓库保管员李梅根据以上资料编制发料凭证汇总表，如表 3-6 所示。

表 3-6 发料凭证汇总表的书写

发料凭证汇总表

2015 年 6 月 30 日 单位：公斤

应借科目	应贷科目：原材料				辅助材料	发料合计
	明细科目：主要材料					
	1—10 日	11—20 日	21—30 日	小计		
生产成本	300	2 000		2 300		2 300
制造费用	500			500		500
管理费用	800	1 200		2 000		2 000
合　计	1 600	3 200		4 800		4 800

审核：刘芳　　　　　　　仓库保管员：李梅　　　　　　　制单：李梅

4. 记账编制凭证

记账编制凭证是根据账簿记录和经济业务的需要编制的一种自制原始凭证，凭证是根据账簿记录，把某一项经济业务加以归类、整理而重新编制的一种会计凭证。其中制造费用分配表，在计算产品成本时，制造费用明细账记录的数字是按照费用的用途填写的。

例 7：2015 年 5 月 31 日，明月股份有限公司生产甲、乙两种产品，甲产品生产工时 2 000 小时，乙产品生产工时 3 000 小时，制造费用账户期末余额 10 000 元，由成本会计孙颖编制制造费用分配表。如表 3-7 所示。

表 3-7 记账编制凭证的书写

制造费用分配表

2015 年 5 月 31 日

应借项目	成本项目	生产工时	分配率	分配额
生产成本	甲产品	2 000	40%	4 000
	乙产品	3 000	60%	6 000
合　计		5 000	100%	10 000

审核：张艺　　　　　　　制单：孙颖

(二)外来原始凭证的书写

外来原始凭证，是指在同外单位发生经济往来关系时，从外单位取得的凭证。外来原始凭证都是一次凭证。

1. 增值税专用发票

增值税专用发票是企业购买材料、商品时，从供货单位取得的发票。

例8：宏达有限公司从深圳海华公司购入塑料 5 000 千克，单价 10 元，价款为 50 000 元，增值税进项税额为 8 500 元，深圳海华公司根据以上资料开具增值税专用发票，如表 3-8 所示。

表 3-8 增值税发票的书写

增 值 税 专 用 发 票

发 票 联

开票日期： 2015 年 8 月 10 日

购货单位	名称	宏达有限公司	纳税人登记号	80838387
	地址、电话	上海黄浦路分理处	开户银行及账号	上海黄浦路分理处 800-500-600

商品或劳务名称	单位	数量	单价	金 额								税率 (%)	税 额					
				十	万	千	百	十	元	角	分		千	百	十	元	角	分
塑料	千克	5 000	10		5	0	0	0	0	0	0	17		8	5	0	0	0	0
合计		5 000	10	¥	5	0	0	0	0	0	0	17		8	5	0	0	0	0

价税合计(大写)	伍万捌仟伍佰元整	¥: 58 500.00

销货单位	名称	深圳海华公司	纳税人登记号	324652
	地址、电话	深圳东路 13 号	开户银行及账号	399-283-354

收款人：王伟　　　　开票单位：深圳海华公司　　　　结算形式：银行汇票

2. 运费发票

运费发票是企业购买材料、商品时，需要支付的运费，从运输单位取得。

例9：宏达有限公司从深圳海华公司购入塑料一批，支付运费 5 000 元，深圳市运输公司收款后开具运输业统一发票，如表 3-9 所示。

表 3-9 运费发票的书写

广东省运输业统一发票

发 票 联　　　　　No.04579

客户名称：宏达有限公司　　　　　2015 年 8 月 10 日

货 号	件 数	重 量	单 价	金 额							备注
				万	千	百	十	元	角	分	
运费		5 000	1.00		5	0	0	0	0	0	
合 计		5 000	1.00	¥	5	0	0	0	0	0	

第二联：发票联

人民币：伍仟元整　　　　　　　　　¥: 5 000.00

开票单位：深圳运输公司　　　　　　　　　经办人：李伦

第三节 记账凭证的书写

一、记账凭证的概念

记账凭证是会计人员根据审核后的原始凭证进行归类、整理并确定会计分录而编制的会计凭证，是登记账簿的依据。

二、记账凭证书写的基本要求

(1) 记账凭证可以根据每一张原始凭证填写，或根据若干张同类原始凭证汇总编制，也可以根据原始凭证汇总表填写。但不得将不同内容和类别的原始凭证汇总填写在一张记账凭证上。

(2) 选择记账凭证的种类。

(3) 记账凭证的日期。以小写金额数字书写。

(4) 记账凭证的编号。记账凭证应连续编号，一笔经济业务需要填写两张以上记账凭证的，可以采用分数编号法编号。

(5) 经济业务事项的内容完整。摘要应与原始凭证内容一致，能正确反映经济业务的主要内容，表述简短精练。应能使阅读的人通过摘要就能了解该项经济业务的性质、特征，判断出会计分录的正确与否，一般不必再去翻阅原始凭证或询问有关人员。

(6) 经济业务事项所涉及的会计科目及其记账方向。必须根据国家统一会计制度的规定和经济业务的内容，正确使用会计科目和编制会计分录。按照先借后贷的顺序记入"会计科目"栏中的"一级科目"和"二级及明细科目"。

(7) 经济业务事项的金额。记账凭证上借、贷方的金额数字必须相等，并按应借、应贷方向分别记入"借方金额"或"贷方金额"栏，合计数字必须计算正确。

(8) 记账凭证填写完成后，如有空行，应当在金额栏自最后一笔金额数字下的空行处至合计数上的空行划画线注销。

(9) 记账标记。记账是指该凭证已登记账簿的标记，防止经济业务事项重记或漏记。

(10) 所附原始凭证张数。一般以所附原始凭证自然张数为准，结账和更正错误的记账凭证可以不附原始凭证，其他记账凭证必须附有原始凭证。

(11) 签章完整。会计主管、记账、审核、出纳、制单等有关人员根据需要签名或盖章。

三、记账凭证的书写

记账凭证按其适用的经济业务，分为专用记账凭证和通用记账凭证两类。下面举例说明记账凭证的书写规范。

(一)专用记账凭证的书写

专用记账凭证，是用来专门记录某一类经济业务的记账凭证。专用记账凭证按其所记录的经济业务是否与现金和银行存款的收付业务有关，又分为收款凭证、付款凭证和转账凭证三种。收款凭证和付款凭证是用来记录货币收付业务的凭证，既是登记现金日记账、银行存款日记账、明细分类账及总分类账等账簿的依据，也是出纳人员收付款项的依据。出纳人员不能依据现金、银行存款收付业务的原始凭证收付款项，必须根据会计主管人员或指定人员审核批准的收款凭证和付款凭证收付款项，以加强对货币资金的管理，有效地监督货币资金的使用。

1. 收款凭证的书写

1) 收款凭证的概念

收款凭证是用来记录现金和银行存款等货币资金收款业务的凭证，它是根据现金和银行存款收款业务的原始凭证填写的。

2) 收款凭证书写的具体规范

(1) "借方科目"：按收款的性质填写"现金"或"银行存款"。

(2) "日期"：填写的是编制本凭证的日期，不是原始凭证的日期。

(3) "凭证字号"：右上角填写收款凭证的类别及顺序号。

(4) "摘要"：填写对所记录的经济业务的简要说明。

(5) "贷方科目"：填写与收入现金或银行存款相对应的会计科目。

(6) "记账"：是指该凭证已登记账簿的标记，防止经济业务事项重记或漏记。

(7) "金额"：是指该项经济业务事项的发生额。

(8) "附单据"：该凭证右边"附单据××张"是指本记账凭证所附原始凭证的张数，需要大写。

(9) "签章"：最下边分别由有关人员签章，以明确经济责任。

3) 收款凭证的书写案例

例10：2015年8月5日，明月股份有限公司收回东方公司前欠货款100 000元，存入银行。总账会计根据原始凭证编制记账凭证，如表3-10所示。

表3-10　收款凭证的书写

收　款　凭　证

借方科目：银行存款　　　　　　　2015年8月5日　　　　　　　收　字第 1 号

摘　要	贷方科目		金　额										记账
	总账科目	明细科目	千	百	十	万	千	百	十	元	角	分	
收回欠款	应收账款	东方公司		1	0	0	0	0	0	0	0	0	
合　　　计				¥	1	0	0	0	0	0	0	0	0

附单据贰张

会计主管：李毅　　　记账：洪斌　　　出纳：冯寒　　　复核：董红　　　制单：王立

2. 付款凭证的书写

1) 付款凭证的概念

付款凭证是用来记录现金和银行存款等货币资金付款业务的凭证，它是根据现金和银行存款付款业务的原始凭证填写的。

2) 付款凭证书写的具体规范

付款凭证的编制方法与收款凭证基本相同，只是左上角由"借方科目"换为"贷方科目"，凭证中间的"贷方科目"换为"借方科目"。

3) 付款凭证的书写案例

例11：2015年8月7日，明月股份有限公司用银行存款支付大方公司货款5 000元。总账会计根据原始凭证编制记账凭证，如表3-11所示。

表3-11 付款凭证的书写

付 款 凭 证

贷方科目：银行存款 　　　　　2015年8月7日 　　　　　付 字第 5 号

摘　要	借方科目		金　额									记账	附单据叁张
	总账科目	明细科目	千	百	十	万	千	百	十	元	角	分		
支付欠款	应付账款	大方公司					5	0	0	0	0	0		
合　　　计						¥	5	0	0	0	0	0		

会计主管：李毅　　　记账：洪斌　　　出纳：冯寒　　　复核：董红　　　制单：王立

4) 收付款凭证的注意事项

只涉及现金和银行存款之间收入或付出的经济业务，应以付款业务为主，只填写付款凭证，不填写收款凭证，以免重复。

例12：2015年8月10日，明月股份有限公司提取现金100 000元，以备发放工资。总账会计根据原始凭证编制记账凭证，如表3-12所示。

表3-12 借贷两方同时涉及现金和银行存款的经济业务的书写

付 款 凭 证

贷方科目：银行存款 　　　　　2015年8月10日 　　　　　付 字第 6 号

摘　要	借方科目		金　额									记账	附单据壹张
	总账科目	明细科目	千	百	十	万	千	百	十	元	角	分		
提现	库存现金				1	0	0	0	0	0	0	0		
合　　　计					¥	1	0	0	0	0	0	0	0		

会计主管：李毅　　　记账：洪斌　　　出纳：冯寒　　　复核：董红　　　制单：王立

例13：2015年8月12日，明月股份有限公司收取包装物押金3 000元，存入银行。总账会计根据原始凭证编制记账凭证，如表3-13所示。

表 3-13　借贷两方同时涉及现金和银行存款的经济业务的书写

<h1 style="text-align:center">付 款 凭 证</h1>

贷方科目：库存现金　　　　　　2015 年 8 月 12 日　　　　　　付 字第 7 号

摘　要	借方科目		金　额										记账	附单据壹张
	总账科目	明细科目	千	百	十	万	千	百	十	元	角	分		
存现	银行存款						3	0	0	0	0	0		
合　　　计							¥	3	0	0	0	0	0		

会计主管：李毅　　　记账：洪斌　　　出纳：冯寒　　　复核：董红　　　制单：王立

3. 转账凭证的书写

1）　收款凭证的概念

转账凭证是用来记录与现金、银行存款等货币资金收付款业务无关的转账业务(即在经济业务发生时不需要收付现金和银行存款的各项业务)的凭证，它是根据有关转账业务的原始凭证填写的。

2）　转账凭证的具体书写规范

转账凭证将经济业务事项中所涉及的全部会计科目，按照先借后贷的顺序记入"会计科目"栏中的"一级科目"和"二级及明细科目"，并按应借、应贷方向分别记入"借方金额"或"贷方金额"栏。其他项目的填写与收、付款凭证相同。

3）　转账凭证的书写案例

例 14：2015 年 8 月 21 日，明月股份有限公司销售产品一批 1 170 元，款项尚未收取。总账会计根据原始凭证编制记账凭证，如表 3-14 所示。

表 3-14　转账凭证的书写

<h1 style="text-align:center">转 账 凭 证</h1>

2015 年 8 月 21 日　　　　　　　　　　转 字第 1 号

摘　要	总账科目	明细科目	借方金额								贷方金额								记账	附单据壹张
			十	万	千	百	十	元	角	分	十	万	千	百	十	元	角	分		
赊销售产品	应收账款				1	1	7	0	0	0										
	主营业务收入											1	0	0	0	0	0		
	应交税费												1	7	0	0	0		
合　　　计				¥	1	1	7	0	0	0		¥	1	1	7	0	0	0		

会计主管：李毅　　　记账：洪斌　　　　出纳：　　　　复核：董红　　　制单：王立

(二)通用记账凭证的书写

在经济业务比较简单的单位，为了简化凭证可以使用通用记账凭证，记录所发生的各种经济业务。

1) 通用记账凭证的概念

通用记账凭证的格式，不再分为收款凭证、付款凭证和转账凭证，而是以一种格式记录全部经济业务。

2) 通用记账凭证的具体书写规范

通用记账凭证将所有经济业务事项中所涉及的全部会计科目，按照先借后贷的顺序记入"会计科目"栏中的"一级科目"和"二级及明细科目"，并按应借、应贷方向分别记入"借方金额"或"贷方金额"栏。其他项目的填写与转账凭证相同。

3) 通用记账凭证的书写案例

例15：2015 年 8 月 22 日，明月股份有限公司提取现金 1 000 元。总账会计根据原始凭证编制记账凭证，如表3-15 所示。

表 3-15　通用记账凭证的书写

通 用 记 账 凭 证

2015 年 8 月 22 日　　　　　　　　　　　　　　记　字第 2 号

摘　要	总账科目	明细科目	借方金额								贷方金额								记账
			十	万	千	百	十	元	角	分	十	万	千	百	十	元	角	分	
提现	库存现金			1	0	0	0	0	0										
	银行存款											1	0	0	0	0	0		
合　　　　计			¥	1	0	0	0	0	0		¥	1	0	0	0	0	0		

会计主管：李毅　　　记账：洪斌　　　　出纳：冯寒　　　　复核：董红　　　制单：王立

附单据壹张

第四节　会计凭证的传递与保管

一、会计凭证的传递

会计凭证的传递，是指会计凭证从填写到归档保管整个过程中，在单位内部各有关部门和人员之间的传递程序和传递时间。各种会计凭证所记录的经济业务不尽相同，所要据以办理的业务手续和所需的时间也不尽相同。应当为每种会计凭证的传递规定合理的传递程序和在各个环节停留的时间。会计凭证的传递是会计制度的一个重要组成部分,应当在会计制度中做出明确的规定。

正确地组织会计凭证的传递,对于及时地反映与监督经济业务的发生和完成情况,合理地组织经济活动,加强经济管理责任制,具有重要意义。因为正确地组织凭证的传递,能及时、真实地反映与监督经济业务的发生和完成情况;把有关部门和人员组织起来,分工协作,使正确的经济活动得以顺利地实现;考核经办业务的有关部门和人员是否按照规定的凭证传递程序办事,从而加强经营管理上的责任制。

科学的传递程序,应该使会计凭证沿着最迅速、最合理的流向运行。因此,在制订会计凭证传递程序时,应当注意考虑下列三个问题。

(1) 要根据经济业务的特点、企业内部机构的设置、人员分工的情况及经营管理上的需要,恰当地规定各种会计凭证的联数和所经过的必要环节。做到既要使各有关部门和人员能利用凭证了解经济业务情况,并按照规定手续进行处理和审核,又要避免凭证传递时经过不必要的环节,影响传递速度。

(2) 要根据有关部门和人员对经济业务办理需要的必备手续(如计量、检验、审核、登记等),确定凭证在各个环节停留的时间,保证业务手续的完成。但又要防止不必要的耽搁,从而使会计凭证以最快速度传递,以充分发挥它及时传递经济信息的作用。

(3) 建立凭证交接的签收制度。为了确保会计凭证的安全和完整,在各个环节中都应指定专人办理交接手续,做到责任明确,手续完备、严密、简便易行。

二、会计凭证的保管

会计凭证的保管,是指会计凭证登账后的整理、装订和归档存查。会计凭证是记账的依据,是重要的经济档案和历史资料,所以对会计凭证必须妥善整理和保管,不得丢失或任意销毁。

会计凭证的保管,既要做到保证会计凭证的安全和完整无缺,又要便于凭证的事后调阅和查找。会计凭证归档保管的主要方法和要求如下。

(1) 每月记账完毕,要将本月各种记账凭证加以整理,检查有无缺号和附件是否齐全。然后按顺序号排列,装订成册。为了便于事后查阅,应附加封面,封面上应注明单位的名称、所属的年度和月份、起讫的日期、记账凭证的种类、起讫号数、总计册数等,并由有关人员签章。为了防止任意拆装,在装订线上要加贴封签,并由会计主管人员盖章。会计凭证封面的格式如表 3-16 所示。

(2) 如果在一个月内,凭证数量过多,可分装若干册,在封面上加注共几册字样。如果某些记账凭证所附原始凭证数量过多,也可以单独装订保管,但应在其封面及有关记账凭证上加注说明,对重要原始凭证,如合同、契约、押金收据以及需要随时查阅的收据等需要单独保管时,应编制目录,并在原记账凭证上注明另行保管,以便查核。

(3) 装订成册的会计凭证应集中保管,并指定专人负责。查阅时,要有一定的手续制度。

(4) 会计凭证的保管期限和销毁手续,必须严格执行会计制度的规定。任何人无权自行随意销毁。

表 3-16 会计凭证封面

会计凭证封面

年	(企业名称)					
	年 月份 共 册第 册					
月	收款					
份	付款	凭证	第 号至第 号共			张
第	转账					
册	附：原始凭证共 张					
	会计主管：(签章)		保管：(签章)			

练 习 题

1. 原始凭证的填写

(1) 2015 年 7 月 6 日，东方股份有限公司采购员李玲经采购部部长孙鑫同意购入甲材料一批，编号为 106，数量 100 公斤，单价 50 元，材料经仓库保管员李梅验收后保存到 B 仓库，填写收料单表 3-17。

表 3-17 收料单

收 料 单

仓 库：　　　　　　　　　　年 月 日

材料编号	品名	规格	单位	数量	单价	金额	备注
合 计							

采购部门负责人：　　　　采购员：　　　　仓库保管员：　　　　制单：

(2) 2015 年 7 月 6 日，东方股份有限公司王宏公出借款 3 000 元，经部门负责人刘云、财务部负责人李丽、总经理王希怡批准并签字后，到财务部门借款，填写借据表 3-18。

表3-18 借据

借 据

年 月 日

借款金额			¥
借款事由			
领导批示	财务负责人	借款部门负责人	借款人

(3) 2015年7月20日,东方股份有限公司采购部王宏,经部门负责人刘云、财务部负责人李丽批准并签字后,到财务部门报销出差杭州(时间:7月6日—7月15日)的差旅费1 480元(其中火车票800元,住宿费400元,伙食补助180元,电话补助100元),并交回剩余现金1520元,填写差旅费报销单表3-19。

表3-19 差旅费报销单

差 旅 费 报 销 单

年 月 日

部门名称				姓 名		
出差事由				出差日期自 年 月 日		
地 点				至 年 月 日 共 天		
项目 金额	交 通 工 具			卧铺	住宿费	伙食费	其他
	火车	汽车	市内交通费				
报销总额	人民币(大写)				¥		
预借差旅费				补领金额		
				退还金额		

财务负责人: 部门领导签字: 领款人:

(4) 2015年7月20日,东方股份有限公司王宏报销完毕,出纳员李维开出还款收据交给王宏,填写收据表3-20。

表3-20 收据

收 据

年 月 日

今 收 到 : --

人民币(大写): --

收 款 事 由 : --

收款单位: 收款人:

（5）2015 年 7 月，东方股份有限公司生产一部负责人李云委派本部门领料员王维，领取生产 D 产品需要的乙材料 6 000 公斤，分多次领用，乙材料编号 106，单价 10.00 元。具体领用时间及数量如下：

2015 年 7 月 1 日，领用 500 公斤。

2015 年 7 月 8 日，领用 800 公斤。

2015 年 7 月 12 日，领用 700 公斤。

2015 年 7 月 18 日，领用 1 500 公斤。

2015 年 7 月 21 日，领用 2 500 公斤。

仓库保管员刘莉据此填写限额领料单表 3-21。

表 3-21　限额领料单

限 额 领 料 单

年　　月

领料单位：　　　　　　　用　　途：　　　　　　　计划产量：

材料编号：　　　　　　　名称规格：　　　　　　　计量单位：

单　　价：　　　　　　　消耗定量：　　　　　　　领用限额：

年		请　领		实　发					
月	日	数量	领料单位负责人	数量	累计	发料人	领料人	限额结余	
合　计									

生产部门负责人：　　　　　　　　仓库保管员：

（6）2015 年 7 月 1 日，东方股份有限公司生产领用原材料 500 公斤，车间领用原材料 1 500 公斤，行政管理部门领用原材料 1 800 公斤，7 月 15 日生产领用原材料 1 800 公斤，7 月 28 日生产领用原材料 3 200 公斤，行政管理部门领用原材料 2 200 公斤，仓库保管员李月据以上资料编制发料凭证汇总表表 3-22。

表 3-22　发料凭证汇总表

发 料 凭 证 汇 总 表

年　　月　　日　　　　　　　　　　　　单位：

应借科目	应贷科目：原材料				辅助材料	发料合计
	明细科目：主要材料					
	1—10 日	11—20 日	21—30 日	小计		
生产成本 制造费用 管理费用						
合　　计						

审核：　　　　　　　　仓库保管员：　　　　　　　制单：

2. 专用记账凭证的填写

(1) 2015 年 9 月 3 日，东方公司以现金支付职工工资 30 000 元，总账会计根据原始凭证编制记账凭证表 3-23。

表 3-23　付款凭证

付 款 凭 证

贷方科目：　　　　　　　年　　月　　日　　　　　字第　　号

摘　要	借方科目		金　额										记账	
	总账科目	明细科目	千	百	十	万	千	百	十	元	角	分		附
													单
													据
合　计													张

会计主管：　　　　记账：　　　　出纳：　　　　复核：　　　　制单：

(2) 2015 年 9 月 20 日，东方公司销售产品一批，产品售价 20 000 元，增值税销项税额 3 400 元，款项收妥，存入银行，总账会计根据原始凭证编制记账凭证表 3-24。

(3) 2015 年 9 月 25 日，东方公司购买固定资产一台，增值税专用发票上注明的价款为 10 000 元，增值税进项税额 1 700 元，价款未付，总账会计根据原始凭证编制记账凭证表 3-25。

表 3-24　收款凭证

收 款 凭 证

借方科目：　　　　　　　　　　　　年　月　日　　　　　　　　字第　号

摘　要	贷 方 科 目		金 额										记账	
	总账科目	明细科目	千	百	十	万	千	百	十	元	角	分		附单据
合　　　　计														张

会计主管：　　　记账：　　　出纳：　　　复核：　　　制单：

表 3-25　转账凭证

转 账 凭 证

年　月　日　　　　　　　　　　　　　　　字第　号

摘　要	总账科目	明细科目	借方金额								贷方金额								记账	
			十	万	千	百	十	元	角	分	十	万	千	百	十	元	角	分		附单据
合　　　　计																				张

会计主管：　　　记账：　　　出纳：　　　复核：　　　制单：

3. 通用记账凭证的填写

(1) 2015 年 8 月 3 日，秋林公司从银行借入短期借款 30 000 元，总账会计根据原始凭证编制记账凭证表 3-26。

(2) 2015 年 8 月 10 日，秋林公司销售产品一批 23 400 元，款未收，总账会计根据原始凭证编制记账凭证表 3-27。

(3) 2015 年 8 月 25 日，秋林公司计提车间设备折旧 3 000 元，厂部设备折旧 5 000 元，总账会计根据原始凭证编制记账凭证表 3-28。

财经基本技能(第2版)

表 3-26　通用记账凭证

通 用 记 账 凭 证

年　　月　　日　　　　　　　　　　　　　字第　　号

摘　要	总账科目	明细科目	借方金额								贷方金额								记账	附单据
			十	万	千	百	十	元	角	分	十	万	千	百	十	元	角	分		
																				张
合　计																				

会计主管：　　　　　记账：　　　　　出纳：　　　　　　复核：　　　　　制单：

表 3-27　通用记账凭证

通 用 记 账 凭 证

年　　月　　日　　　　　　　　　　　　　字第　　号

摘　要	总账科目	明细科目	借方金额								贷方金额								记账	附单据
			十	万	千	百	十	元	角	分	十	万	千	百	十	元	角	分		
																				张
合　计																				

会计主管：　　　　　记账：　　　　　出纳：　　　　　　复核：　　　　　制单：

表 3-28　通用记账凭证

通 用 记 账 凭 证

年　　月　　日　　　　　　　　　　　　　字第　　号

摘　要	总账科目	明细科目	借方金额								贷方金额								记账	附单据
			十	万	千	百	十	元	角	分	十	万	千	百	十	元	角	分		
																				张
合　计																				

会计主管：　　　　　记账：　　　　　出纳：　　　　　　复核：　　　　　制单：

第四章　货币的识别

【学习目标】

熟识中国人民银行发行的 5 套人民币，能够鉴别人民币的真伪，掌握第五套人民币的防伪特征；能够识别人民币假币，发现假币后并能做出相应的处理。了解外国货币。

第一节　人民币的识别

中华人民共和国的法定货币是人民币。它由中国中央银行——中国人民银行依法发行。中国人民银行于 1948 年 12 月 1 日在河北石家庄成立，至今已经发行了 5 套人民币，形成纸币与硬币、流通硬币与纪念币等多品种、多系列并存的货币体系。

一、第一套人民币

(一)第一套人民币的发行

1948 年底，随着人民解放战争战果不断扩大，分散的各解放区迅速连成一片，为适应形势的发展，当时迫切需要一种统一的货币代替原来种类庞杂、折算不便的各解放区货币。为此，1948 年 12 月 1 日中国人民银行一成立，即开始发行统一的人民币。当时任华北人民政府主席的董必武同志为该套人民币题写了中国人民银行行名。第一套人民币共 12 种面额、62 种版别，其中 1 元纸币 2 种、5 元纸币 4 种、10 元纸币 4 种、20 元纸币 7 种、100 元纸币 10 种、200 元纸币 6 种、1 000 元纸币 6 种、5 000 元纸币 5 种、10 000 元纸币 4 种、50 000 元纸币 2 种，如图 4-1 所示。1953 年 12 月发行完毕。

图 4-1　第一套人民币票样(部分)

(二)第一套人民币的作用

第一套人民币发行后，原各解放区的地方货币陆续停止发行和流通，并按规定比价逐步收回。1949年初，中国人民银行总行迁至北平(今北京)，各省、市、自治区相继成立中国人民银行分行，至1951年底人民币成为中国唯一合法货币，在除台湾、西藏以外的全国范围内流通。第一套人民币的发行，对稳定社会秩序，恢复生产，促进城乡物质交流发挥了重要作用。随着时间的推移，逐步显现出一些不足：面额大，单位价值低；纸质较差，流通中人民币的整洁度差；券面种类过于复杂，群众不易识别；人民币上仅有汉文，不利于人民币在少数民族地区流通。

随着经济的发展，第一套人民币已不适应国民经济发展的需要，在1955年3月1日发行第二套人民币之后，于1955年4月1日首先停止使用10 000元、50 000元大面额票券，同年5月10日，1元至5 000元全部停止使用。至此，第一套人民币完成了自己的历史使命。

二、第二套人民币

(一)第二套人民币的发行

第二套人民币的发行是为了适应国民经济恢复时期的需要。中国人民银行从1950年开始做发行准备工作，1953年完成设计并试制。第二套人民币各种面额纸币的票面上都采用了汉、蒙、维、藏四种民族文字，中国人民银行行名由马文蔚同志书写，字体为魏碑"张黑女"字体，后成为中国人民银行行名的通用标准字体。中国人民银行开始发行第二套人民币，同时收回第一套人民币，新旧人民币兑换比例为1∶10 000。第二套人民币主币为1元、2元、3元、5元、10元5种；辅币为1分、2分、5分、1角、2角、5角6种，共计11种，如图4-2所示。

(二)第二套人民币的设计

第二套人民币共有11个券种。辅币主景采用汽车、飞机、轮船、拖拉机、火车、水电站等生产和交通运输工具以及能源设施，主币1元至3元纸币采用北京天安门、延安宝塔山、井冈山龙源口三个革命圣地图景，5元、10元纸币采用民族大团结和工农联盟图景，表现了社会主义建设新貌、中国革命的历程和全国各族人民的大团结。票面图案活泼大方，正面上下花边对称，背面左右花符对称，一改中国传统纸币呆板的两面框形式。主色调分券别配置，票种间有明显区别；票面规格按面值大小、辅币与主币分档，券别与券别递增。我国印制钞票首次使用国产水印钞票纸，在印刷技术上也有区别，3种纸分币采用胶版印刷，角币、元币采用胶凹套印，10元纸币还运用了当时先进的多色接线技术，这在我国印钞史上具有重要意义。

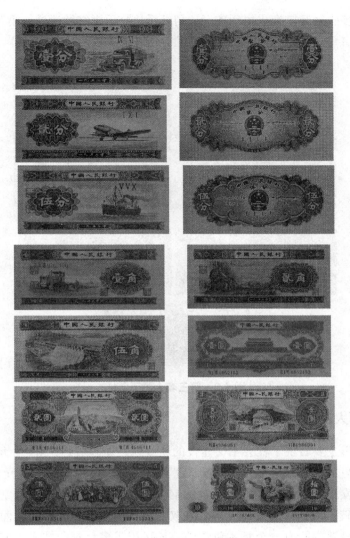

图 4-2　第二套人民币票样

(三)第二套人民币的作用

第二套人民币的发行彻底扫除了我国多年来通货膨胀的痕迹，结束了我国货币制度紊乱的历史，使我国的货币制度从第一套的初步统一，发展到巩固、稳定和健全，成为中华人民共和国第一套较为完善的货币，在社会主义建设中发挥了重要作用。

三、第三套人民币

(一)第三套人民币的发行

1962 年 4 月 15 日，中国人民银行开始陆续发行第三套人民币，到 1980 年 4 月 15 日才全部发行完毕。第二套人民币与第三套人民币的兑换比价为 1∶1。两套人民币在混合流通一段时间后,逐步收回第二套人民币的元、角纸币,分币则继续流通。第三套人民币共有1角、2角、5角、1元、2元、5元、10元面额,如图4-3所示。9种版别,其中1角面额的纸币有3种版别。

图4-3　第三套人民币票样

(二)第三套人民币的设计

第三套人民币主要表现了社会主义建设的新成就、新风貌。1角、2角、5角纸币分别是采用表现教育与生产劳动相结合的武汉长江大桥、纺织车间等画面;1元、2元、5元和10元纸币分别采用女拖拉机手、车床工人、炼钢工人和人民代表步出大会堂等画面。第三套人民币进一步打破了边框式的设计风格。采取开放式构图,在较小的票面上呈现出开阔、深远的画面。每种票券除有一个基本色调外,还运用了多色彩印技术,使画面色调活泼、丰富。在制版工艺中,主景采用手工雕刻,面额文字的衬底花纹图案多采用机器雕刻,并运用多色接线技术,提高了票券的防伪性能。这套人民币中的5元券是新中国纸币中的精品,曾经在国际钱币评比中获奖,被各国印钞界誉为最佳钞票。

(三)第三套人民币的作用

第三套人民币自1962年发行以来,一直流通使用到2000年6月30日,是中国发行、流通时间最长的一套人民币,对促进经济发展发挥了重要的作用。

四、第四套人民币

(一)第四套人民币的发行

1978年,党的十一届三中全会以后,中国开始进入社会主义现代化建设的新时期,国民经济的增长和商品经济的发展，对货币的需求量大大增加，流通中人民币的券别结构已明显要增加券别，因此，中国人民银行开始陆续发行第四套人民币，第四套人民币中增加了 50 元、100 元两种券别，如图 4-4 所示。

图 4-4 第四套人民币票样

(二)第四套人民币的设计

第四套人民币设计主题思想突出，民族风格鲜明，印制工艺先进。其主题是各族人民在中国共产党领导下，为建设社会主义而奋斗。纸币正面为人物头像：100 元纸币为毛泽东、周恩来、刘少奇、朱德四位领袖侧面浮雕像；50 元纸币为工人、农民、知识分子头像；其他元、角纸币分别为身着民族服饰的人物头像。背面主景则是祖国名山大川。辅币背面分别以各民族图案衬托国徽，具有浓郁的民族风格和高度的艺术性。印制中还广泛使用水印、磁性油墨、荧光油墨等先进技术，以后发行的 1990 年版 50 元、100 元还采用了金属安全线，第四套人民币的防伪性能进一步提高。

五、第五套人民币

(一)第五套人民币的发行

1999 年 10 月 1 日起，中国人民银行开始陆续发行第五套人民币，称为 1999 年版第五套人民币。1999 年 10 月 1 日发行了 100 元纸币；2000 年 10 月 16 日发行了 20 元纸币及 1 元、1 角硬币；2001 年 9 月 1 日发行了 10 元、50 元纸币；2002 年 11 月 18 日发行了 5 元纸币、5 角硬币；2004 年 7 月 30 日发行了 1 元纸币。第五套人民币有 100 元、50 元、20 元、10 元、5 元、1 元、5 角和 1 角八种面额，如图 4-5 所示，采用"一次公告，分次发行，新旧版混合流通，逐步回收旧版"的发行原则。

2005 年 8 月 31 日，中国人民银行又发行了 2005 年版第五套人民币 100 元、50 元、20 元、10 元、5 元纸币和 1 角硬币。2005 年版第五套人民币保持了 1999 年版第五套人民币主图案、主色调，规格不变。2005 年版第五套人民币纸币在印制工艺、防伪措施方面进行了改进和提高。该系列人民币是对现行流通的 1999 年版第五套人民币的继承，又是对 1999 年版第五套人民币的创新和提高。

(二)第五套人民币的设计

第五套人民币纸币正面是以毛泽东头像为主景，100 元、50 元、20 元、10 元、5 元和 1 元面额纸币背面图案分别是"人民大会堂""布达拉宫""桂林山水""长江三峡""泰山"和"西湖"图案，具体内容如下。

1. 水印

第五套人民币 100 元、50 元为毛泽东头像固定水印；20 元为荷花固定水印，10 元为玫瑰花水印，5 元为水仙花水印，1 元为兰花水印。2005 年版在冠号下方有白水印面额数字。

2. 红、蓝彩色纤维

在第五套人民币 1999 年版 100 元、50 元、20 元、10 元、5 元的票面上，可看到纸张中有红色和蓝色纤维，2005 年版取消了此措施。

3. 安全线

第五套人民币 1999 年版 100 元、50 元为磁性微文字安全线；20 元为明暗相间的磁性安全线；10 元、5 元为正面开窗全息安全线。2005 年版第五套人民币为全息开窗安全线，50 元和 100 元的窗开在背面，20 元、10 元、5 元的窗开在正面。

图 4-5　第五套人民币票样

4．手工雕刻头像

第五套人民币所有面值纸币正面主景为毛泽东头像，均采用手工雕刻凹版印刷工艺，形象逼真、传神，凹凸感强。

5. 隐形面额数字

第五套人民币各面值纸币正面右上方有一装饰图案,将票面置于与眼睛接近平行的位置,面对光源作平面旋转45°或90°,可看到阿拉伯数字面额字样。

6. 光变面额数字

第五套人民币100元正面左下方用新型油墨印刷了面额数字"100",当与票面垂直观察其为绿色,而倾斜一定角度则变为蓝色。50元则可由绿色变成红色。

7. 阴阳互补对印图案

第五套人民币正面左下角和背面右下方各有一圆形局部图案,透光观察,正背图案组成一个完整的古钱币图案。2005年版100元、50元的互补图案在左侧水印区的右缘中部。

8. 雕刻凹版印刷

第五套人民币中国人民银行行名、面额数字、盲文面额标记等均采用雕刻凹版印刷,用手指触摸有明显凹凸感。1999年版1元和2005年版各面值正面主景图案右侧,有一组自上而下规则排列的线纹,采用雕刻凹版印刷工艺印制,用手指触摸,有极强的凹凸感。

9. 号码(凸印)

第五套人民币1999年版100元、50元为横竖双号码,横号为黑色,竖号为蓝色;其余面额为双色横号码,号码左半部分为红色,右半部分为黑色。2005年版100元、50元为双色异型号码,中间大两边小。

10. 胶印缩微文字

第五套人民币100元、50元、20元、10元等面额纸币印有胶印缩微文字"RMB100""RMB50""RMB20""RMB10""RMB5"等字样,大多隐藏在花饰中。

11. 专用纸张

第五套人民币采用特种原材料,由专用钞造设备生产的印钞专用纸张印制,在紫外光线下无荧光反应。较新的纸币在抖动时,会发出清脆的响声。

12. 变色荧光纤维

第五套人民币在特定波长的紫外光线下可以看到纸张中随机分布有黄色和蓝色荧光纤维。

13. 无色荧光图案

第五套人民币各券别处于正面行名下方胶印底纹处。在特定波长的紫外光线下可以看到面额阿拉伯数字字样,该图案采用无色荧光油墨印刷,可供机读。

14. 有色荧光图案

第五套人民币 100 元背面主景上方椭圆形图案中的红色纹线，在特定波长的紫外光线下显现明亮的橘黄色；20 元券背面的中间在特定波长的紫外光线下显现绿色荧光图案。50 元券背面在紫外光线下也会显现图案。

15. 胶印接线印刷

第五套人民币 100 元正面左侧的中国传统图案是用胶印接线技术印刷的，每根线均由两种以上的颜色组成。

16. 凹印接线印刷

第五套人民币背面最大的面额数字和正面左侧面额数字是采用凹印接线技术印刷的，两种墨色对接自然完整。

17. 凹印缩微文字

第五套人民币在正面右上方装饰图案中印有凹印缩微文字，在放大镜下，可看到"RMB100""RMB20"等与面值对应的字样。背面左下角最大的面额数字中间，布满了小的白色面额数字。在其右方的数条平行线，上边几条由连续的"RMB"组成，最下面一条由连续的"人民币"字样组成。

18. 磁性号码

用特定的检测仪检测，1999 年版 100 元、50 元的黑色横号码和 20 元、10 元、5 元的双色横号码中黑色号码有磁性，可供机读。

19. 浮雕隐形文字

第五套人民币各面值大多包含浮雕隐形文字，位置有的在人像两侧，有的在背面顶部或底部。如 100 元的为"RMB100"字样。

六、第五套人民币 1999 年版和 2005 年版的异同

本节主要以第五套人民币的 1999 年版和 2005 年版的 100 元为例进行介绍。

(一)2005 年版人民币 100 元纸币与 1999 年版的相同点

2005 年版人民币 100 元纸币的规格、主景图案、主色调、中国人民银行行名和汉语拼音行名、面额数字、花卉图案、国徽、盲文面额标记、民族文字等票面特征，固定人像水印、手工雕刻头像、胶印缩微文字、雕刻凹版印刷等防伪特征，均与现行流通的 1999 年版人民币 100 元纸币相同。

(二)2005 年版人民币 100 元纸币与 1999 年版的区别

1. 调整防伪特征布局

将正面左下角胶印对印图案调整到正面主景图案左侧中间处，光变油墨面额数字左移至原胶印对印图案处。背面右下角胶印对印图案调整到背面主景图案右侧中间处。

2. 调整防伪特征

(1) 隐形面额数字：调整隐形面额数字的观察角度。正面右上方有一装饰性图案，将票面置于与眼睛接近平行的位置，面对光源做上下倾斜晃动，可以看到面额数字"100"字样。

(2) 全息磁性开窗安全线：将原磁性缩微文字安全线改为全息磁性开窗安全线。背面中间偏右一条开窗安全线，开窗部分可以看到由缩微字符"¥100"组成的全息图案，仪器检测有磁性。

(3) 双色异形横号码：将原横竖双号码改为双色异形横号码。正面左下角印有双色异形横号码，左侧部分为暗红色，右侧部分为黑色。字符由中间向左右两边逐渐变小。

3. 增加防伪特征

(1) 白水印：位于正面双色异形横号码下方，"100"字样处迎光透视，可以看到透光性很强的水印。

(2) 凹印手感线：正面主景图案右侧，有一组自上而下规则排列的线纹，凹版印刷工艺印制，用手指触摸，有极强的凹凸感。

4. 取消纸张中的红、蓝彩色纤维

2005 年版人民币 100 元纸币取消了纸张中的红、蓝彩色纤维。

除上述区别以外，2005 年版人民币 100 元纸币背面主景图案下方的面额数字后面，增加人民币单位"元"的汉语拼音"YUAN"，年号改为"2005"年。

七、第五套人民币 2005 年版和 2015 年版的异同

本节主要以第五套人民币的 2005 年版和 2015 年版的 100 元为例介绍。

(一)2005 年版人民币 100 元纸币与 2015 年版的相同点

100 元纸币的规格、正背面主图案、主色调、中国人民银行行名、国徽、盲文和汉语拼音行名、民族文字等没有变化。

(二)2005 年版人民币 100 元纸币与 2015 年版的区别

1. 2015 年版正面的变化

(1) 取消了票面右侧的凹印手感线、隐形面额数字和左下角的光变油墨面额数字。

（2）票面中部增加了光彩光变数字，票面右侧增加了光变镂空开窗安全线和竖号码。

（3）票面右上角面额数字由横排改为竖排，并对数字样式做了调整；中央团花图案中心花卉色彩由橘红色调整为紫色，取消花卉外淡蓝色花环，并对团花图案、接线形式做了调整；胶印对印图案由古钱币图案改为面额数字"100"，并由票面左侧中间位置调整至左下角。

2. 2015 年版背面的变化

（1）取消了全息磁性开窗安全线和右下角的防复印标记。

（2）减少了票面左右两侧边部胶印图纹，适当留白；胶印对印图案由古钱币图案改为面额数字"100"，并由票面右侧中间位置调整至右下角；面额数字"100"上半部颜色由深紫色调整为浅紫色，下半部由大红色调整为橘红色，并对线纹结构进行了调整；票面局部装饰图案色彩由蓝、红相间调整为紫、红相间；左上角、右上角面额数字样式均做了调整。

（3）年号调整为"2015"年。

第二节　人民币假币的鉴别

钞票的防伪有许多办法，但在印钞时不可能把这些技术都应用上，而只能根据国家的技术水平和实际情况，选择一些最适用的反假技术和措施。

一、人民币假币的种类

假币是真币的伴生物，综合各种人民币假币的主要特征和制作手段，一般可以归纳为伪造币和变造币两大类。

(一)伪造币

伪造币是指仿造真币的图案、形状、色彩等，采取各种手段制作的假币。根据伪造方法的不同，可以分为机制假币、复印假币、拓印假币、手工描绘假币、手工刻印假币、照相假币等类型。

1. 机制假币

所谓机制假币就是利用现代化的制版印刷设备伪造的假币。这类假币仿造效果逼真、数量多，极其容易扩散，危害性最大。根据制版、印刷方法的不同，机制假币又可分为机制凹印假币和机制胶印假币两种。凹印技术制作的假币，表面图纹有凹凸手感，欺骗性极强；而普通胶印技术印刷的假币表面光滑，没有凹印特有的油墨堆积形成的凹凸手感。目前市场上伪造人民币的主要是机制胶印假币。随着激光排版、电子分色制版、计算机扫描分色制版和彩色复印、胶版印刷等高新技术的广泛应用，犯罪分子将会利用这些先进技术和设备大量印制假币。

2. 彩色打印假币

彩色打印假币是指利用彩色打印机打印后裁剪而成的假币。近年来，扫描仪和彩色打印机日渐普及，利用彩色打印机制作的假币开始出现，这类假币制作过程十分简便，只需将真币放在扫描机扫描，取得真币图像后，通过打印机输出。这类假币图案较为逼真，但纸张光滑，纸张多采用普通打印纸，荧光反应强烈。

3. 复印假币

复印假币是指利用复印设备伪造的假币。一般可分为黑白复印套色和彩色复印两种。黑白复印假币利用黑白复印机将钞票的主要图案先印出，然后另行制版将票面的其他颜色分次套印或者手工上色合成假币。彩色复印假币是指直接利用彩色复印机一次复印成形的假币，形象逼真，伪造速度快。这类假币颜色、图案与真币比较相似，在注意力不集中的情况下容易误收。但只要仔细识别，会发现这类假钞表面比较粗糙，线条一般不很光洁，在放大镜下观察，图案均为横向或竖向间断线条组成。

4. 拓印假币

拓印假币是指利用化学原理，以一定化学物质浸泡真币，使真币颜色脱离，构成另外图案滋生的假币。这类假币的油墨在纸张的反面，因此表面十分光滑，图案模糊、墨色偏淡。因拓印假币时破坏了真币，形成了被拓印币，被拓印币是真币。

5. 手工描绘假币

手工描绘假币是指用美术绘画的方法，以真币为摹本画出的假币。这类假币的伪造者具有一定的美术功底，采用绘画颜料、油漆等，在民用纸张上以画笔手工临摹出假币。这类假币图纹形状不规则、线条粗细不均、色牢度差、图案遇水易溶化。

6. 手工刻印假币

手工刻印假币是指采用石板、木板或蜡板作为制版原料，采取手工刻制印版，在简易的印刷设备上印制的假币。这类假币因是采用传统的原始造假手段制作，伪造手段落后，制版的材料质量低劣，伪造出来的假币质量很差，比较容易识别。

7. 照相假币

照相假币采用相纸做钞纸材料，是利用照相设备拍摄、冲洗成型的假币，它与一般的相片制作方法相同，效果也相同。此类假币纸张厚且脆，稍加揉折票面就有裂痕，票面带有与真币截然不同的光泽，流通时间久了，会产生形同龟裂的形态。

8. 铸造或压印假硬币

利用浇铸或印模压印制造的假硬币。用浇铸方式铸造的假硬币，一般其图案粗糙、模糊，没有光泽，用肉眼容易识别。通过真币做模板刻制印模，再用冲床机压印出来的假硬币，与真币较为相似，欺骗性强。在识别时需要与真币仔细比较才能看出真假。

(二)变造币

变造币是指在真币的基础上，利用挖补、揭层、涂改、拼凑、移位、重印等多种方法制作，改变真币原形态的假币。根据变造手法的不同，可以分为涂改变造币、揭页变造币、拼凑变造币、重印变造币等类型。

1. 涂改变造币

涂改变造币一般是指将真币票面面额、图案、货币单位、年版号等部位用化学药剂涂掉，再用油墨或颜料加以修改后制成的假币。通过涂改的方法以达到面额升值或增加收藏价值的目的。这类变造币的涂改处在颜色、花纹等方面与真币有区别。

2. 剪贴拼凑变造币

剪贴拼凑变造币主要有以下几种制作方法：①裁剪拼凑，将多张真币进行裁剪，从中抽条，再重新拼接，以达到以少变多的目的，这种变造币长度比真币短，图案、花纹不能完全对接准确；②剪贴挖补，将真币的某些防伪特征部位挖下来，贴补在假币的相应位置上，以达到蒙混乱真的目的，挖补部位痕迹明显；③真假拼凑，将部分真币和部分假币粘接在一起，比较钞票不同部位可以发现手感、图案色泽有差异，仔细观察可见对接处有黏合缝隙或胶带。

3. 揭页变造币

这类变造币是用蒸汽熏蒸手段将真币分成正背两面揭开，分别与一张白纸或者假币的正背面黏合，制作出的变造币。这种变造币一面真、一面假，正背黏合的痕迹明显，纸张略厚，正背对印图案不能重合。

4. 重印变造币

重印变造币是将原货币的面额数字或图案洗去，重新印上新面额或新图案，以达到增大面值或改变币种的目的。这类变造币多见于美元，由于不同面额的美元纸币票面尺寸相同，因此常有造假者将小面额美元的图案或面额数字洗去，印上大面额，以达到升值的目的。在我国，也曾在钱币市场上发现过造假者将第三套人民币 1 角纸币背红版重印为背绿版的情况，目的是提升收藏价值。

5. 硬币的变造币

原来金银铸币时期，人们发现通过酸洗、磨损等方法减重铸币，或是用灌铅等手段掺假，可以达到牟利的目的。目前的硬币变造主要是在真币的基础上，采用将年号等处进行改刻或将硬币分割两面再重新黏合等手段，制造成新奇品种或所谓错版，以欺骗收藏者，达到增加收藏价值的目的。

二、人民币假币的鉴别方法

无论采用何种方式伪造的假人民币，与真币总有一定的差别，假币纸币的主要特征如下。

(一)固定人像、花卉水印

假钞伪造水印的方法一般有两种，一种是在纸张夹层中涂布白色浆料，透光观察水印所在位置的纸张明显偏厚；另一种是在票面正面、背面使用五色或淡黄色油墨印刷类似水印的图案，图案不透光也清晰可见，立体感较差。

(二)安全线

假钞伪造安全线的方法主要有三种。

第一种是在钞票表面，用油墨印刷一个线条，用于伪造安全线，仪器检测无磁性特征。

第二种是在纸张夹层中放置与安全线宽的聚酯类现状物，因其与纸张结合较差，极易抽出。安全线上的缩微文字字形较为粗糙，仪器检测无磁性特征。

第三种方法是伪造开窗安全线，是用双层纸张，在正面的纸张上，对应开窗位置留有断口，使镀有金属反射表面的聚酯类现状物，从一个断口伸出，再从另一个断口埋入，用以伪造开窗安全线，其安全线与纸张结合较差。

(三)红、蓝彩色纤维

假钞使用红、蓝两色油墨印刷一种与真钞的彩色纤维形状近似的细线，用以伪造红、蓝彩色纤维。

(四)雕刻凹版印刷图案

假钞的正背面主景图案多是由细点组成(真钞由点、线组成)，图案颜色不正、缺乏层次、明暗过渡不自然。特别是人像目光无神，发丝模糊。图案无凹凸感，也有一部分假币在凹印图案部位涂抹胶水或压痕来模仿凹印效果。

(五)隐形面额数字

假钞隐形面额数字是使用无色油墨印刷而成的，图文线条与真钞差别较大，而且即使垂直票面观察也可看到。

(六)凹印缩微文字

假钞的缩微文字模糊不清，无法分辨。

(七)光变油墨面额数字

假钞一般使用两种方式伪造光变面额数字，一种是用普通单色油墨平版印刷的，无真钞特有的颜色变换特征，用手触及其表面时无凹凸感；另一种伪造方法是使用珠光油墨丝网印刷，其变色特征与真钞有较明显的区别。如 100 元假钞，使用绿色珠光油墨伪造光变面额数字，有一定的光泽，但其线条粗糙，只有绿色珠光效果，无蓝色特征。

(八)阴阳互补对印图案

假钞的对印图案，在荧光透视时正背面图案重合不够完整，线条有明显的错位现象。

(九)有色、无色荧光图案

在紫外光线下，假钞没有有色、无色荧光图案，并且其颜色及亮度与真钞有一定的差别。

(十)专用纸张

大部分假钞所使用的纸张，在紫外光线下会发出较强的蓝色荧光，也有少量假钞纸张较弱或没有荧光。假钞纸张中不含无色荧光纤维。

第三节 人民币真假币鉴别的方法

一、人民币真假币鉴别的基本方法

(一)熟练掌握真币的特征

我们要想准确识别人民币的真伪，首先要熟悉真人民币，重点要全面准确掌握其各种防伪措施，这是进行人民币真伪鉴别的基础。印制人民币的纸张、油墨、印刷工艺等方面都采用较先进的技术和措施，与假币有着根本的区别。只要对人民币的票面特征和防伪措施做到了如指掌，就能够牢牢掌握鉴别假币的最基本和有效方法，这就如同配备了识别假币的工具，武装上识别假币的"照妖镜"，随时可以使假币显现原形。

(二)综合运用各种方法进行鉴别

鉴别人民币真伪的方法有很多，人民币本身的主动防伪技术也有一线、二线、三线防伪之分。我们在对人民币进行真伪鉴别时，不能仅凭一种特征或用一种方法来轻易判定货币的真伪，要注意待检钞票的新旧程度和流通条件是否对部分防伪特征产生影响，进而影响到判定的准确性，要依据钞票防伪特征的特点，选择眼观、手摸、耳听或借助仪器设备等相应的鉴别方法，必要时可综合使用人工和机具的方法进行鉴别，确保结论的正确。

(三)在实践中积累经验

在实际工作中，我们要做到：熟悉真币，胆大心细，精益求精，准确识别。不管制假手段如何变化，只要熟练地掌握人民币特点和防伪技术，都能识别真伪。根据不同时期假币的特征，采用不同的鉴别方法。要注意摸索和积累经验，及时总结新版假币的特征和有效鉴别手段，时刻注意提高认识水平，提高专业素质，使自己成为人民币真伪鉴别的内行和专家。

二、人民币纸币真假币鉴别的具体方法

鉴别真假人民币的具体方法可以分为直观比对法和仪器检测法。其中直观比对法最为常用，是最基本的鉴别方法，它是指不借助任何工具，通过肉眼观察和手指触摸等方法将真币与可疑币进行比较，来辨别真假币的方法。仪器检测法是指利用放大镜、验钞机、点钞机、清分机等设备来鉴别钞票真伪的方法。

(一)直观比对法

直观比对法主要是指在了解把握人民币常识和假币特征之后，凭经验或教训，将可疑币与真币进行比对，从而判别真伪的一种方法。直观比对法分为眼观法、手摸法和耳听法。

1. 眼观法

就是用眼睛仔细地观察票面的颜色、图案、花纹、水印、安全线、对印图案、隐形数字等外观情况。主要从以下几个方面来观察。

(1) 观察图案、颜色。人民币的图案颜色协调，正、背面图案人像深浅、层次清晰，富有立体感，人物形象表情传神。假币一般图案人像模糊不清，色彩偏差较大，所以只要掌握了真币的色调、图景和规格，稍加留心，就可辨别真伪。

(2) 观察水印。真币的水印是在纸张钞造过程中形成的，在灯光或阳光透视下，可以看到层次清晰、形象生动、较强立体感的水印图形。

假币的水印造假方法主要有两种。一种是印刷水印，采用浅色或五色油墨将水印图案印在纸张的正面或背面，图案模糊、没有层次，这种水印不用迎光透视就能看到。另一种是夹层水印，在纸张夹层中涂布白色浆料，迎光观察水印窗部分颜色较暗，且纸张明显偏厚。

(3) 观察对印图案。真币的对印图案采用正背一次印刷完成，透光观察，可以看到真币的正、背对印图案可以完整重合，组成一个古钱币图案。由于印刷工艺的不同，所以假币容易出现正、背面图案错位现象。

(4) 观察光变油墨面额数字。第五套人民币 100 元、50 元券采用凹印光变油墨面额数字，既有凹凸手感，又有绿变蓝或金变绿的变色效果。假币有的采用单色油墨胶印，无凹凸感、不变色；有的用珠光油墨仿制，只有明暗变化，但无变色效果；有的个别假币虽然变色，但颜色与真币差别较大。

(5) 观察隐形面额数字。真币的隐形面额数字采用雕刻凹版印刷，凸起墨纹在光线下产生折射效果，因此隐形面额数字俯视不可见，正对光源上下晃动或举到眼睛直视的高度转动 45°或 90°可以观察到。假币直接将面额数字胶印在相应位置，任何角度观察都可以看到，没有隐形效果。

(6) 观察安全线。安全线是采用专门设备、特种工艺加工，在纸张抄造过程中施放并与纸张结合为一体。第五套人民币的安全线缩微文字清晰、完整。假安全线主要有四种类型：①正反面印刷一条灰色或黑色条带，缩微文字模糊、无磁性；②两层纸张中间夹一层印有文字的塑料线，无磁性；③采用银灰色油墨印刷在两层纸内侧，文字模糊、无磁性；④仿开窗式安全线，开窗部分用手工将塑料线两头穿入纸张夹层，仔细观察，可以看到纸张表面被裁开的裂口。

(7) 看安全纤维。第五套人民币在纸张中加入了彩色纤维和无色荧光纤维，是随机分布的，用针可以挑出来。而假币一般没有，有一般也是画在表面的，用针是无法挑出来的。

2. 手摸法

手摸法是指依靠手指触摸钞票的感觉来分辨人民币的真假。主要从以下两方面着手。

(1) 摸纸质。人民币用纸是专门制造的，其手感清洁、厚薄均匀、坚挺有韧性，用手轻轻触摸，与摸普通纸的感觉不一样；假人民币用普通商业用纸，一般是用胶印纸，厚薄不一，手感粗糙、棉软、挺度差，还有的假币表面涂有蜡状物，手摸发滑。

(2) 摸特殊印刷部位。用手反复摸行名、国徽、盲文、团花、面额数字、手感线、主景图案等凹印部位，有凹凸感，有发涩的感觉。而假币一般是平版印刷或复印，手感平滑，有的假币虽然也有凹凸感，但它是用金属相压而成的，仔细观察假币纸张上有压痕，且凹凸感与真币有区别。

3. 耳听法

耳听法就是指通过抖动钞票发出声响，根据声音来辨别人民币真伪的一种方法，人民币是专用纸张制成的，具有坚韧、耐折、不易撕裂的特点，手持钞票用力凌空抖动，手指轻弹，或用两手一张一弛轻轻地对称拉动钞票，均能发出清脆响亮的声音；而假钞抖动或双手对称拉动时，一般声音发闷，且易撕断。鉴别用对称拉动时，要注意因钞票的新旧程度而采取的力度，对于纸质较软发旧的钞票，不适合使用这种方法。因此此种鉴别方法，只是一种辅助、参考手段。

(二)仪器检测法

人民币上应用了各种先进的防伪技术，有不少用眼看、手摸、耳听是不能够发现的，需要借助某些仪器才能看到。如无色荧光油墨印制的各种图案，只有在紫外灯光下，经过一定波长光线的照射，才能显现真面目。

在对可疑币进行真伪鉴别时，一般可用 5 倍以上的放大镜仔细观察票面的平印隔色、套色是否准确，接线是否准确完整，是否有错位、露白现象，凹印缩微文字是否清晰、完整等；用特定波长的紫外光和红外灯检测有色、无色荧光图案和红外图案，仿制的荧光油墨印刷图文与真币相比有明显的色差。用磁性检测仪测磁性印记，真币的号码、安全线等部位有磁性，而假币大多无磁性，或者印刷完成后用磁性溶液滴在上述部位仿造磁性特征，但其磁图像形状、磁通量与真币不同。

第四节　人民币假币的处理办法

一、日常生活中发现假币的处理办法

广大群众在日常生活中发现假币，应立即送交附近银行鉴定，并向银行和公安机关举报，履行提供有关详情、协助破案的义务。

二、收款单位发现假币的处理办法

单位的出纳人员，在收付现金时发现假币，应立即送交附近银行鉴别。单位发现可疑币不能断定真假时，不得随意加盖假币戳记和没收，应向持币人说明情况，开具临时收据，连同可疑币及时报送当地人民银行鉴定。经人民银行鉴定，确属假币时，应按发现假币后的办法处理，如确定不是假币时，应及时将钞票退还持币人。

三、金融机构发现假币时的处理方法

办理人民币存取款业务的金融机构发现伪造、变造的人民币，数量较多、有新版的伪造人民币或者有其他制造、贩卖伪造、变造的人民币线索的，应当立即报告公安机关；数量较少的，由该金融机构两名以上工作人员当面予以收缴，加盖"假币"字样的戳记，登记造册，向持有人出具中国人民银行统一印制的收缴凭证，并告知持有人可以向中国人民银行或者向中国人民银行授权的国有独资商业银行的业务机构申请鉴定。办理人民币存取款业务的金融机构应当将收缴的伪造、变造的人民币解缴当地中国人民银行。对伪造、变造的人民币收缴及鉴定的具体办法，由中国人民银行制定。

四、我国《中华人民共和国刑法》规定的假币处理办法

(一)伪造货币罪

《中华人民共和国刑法》第一百七十条规定：伪造货币的，处三年以上十年以下有期徒刑，并处五万元以上五十万元以下罚金；有下列情形之一的，处十年以上有期徒刑、无期徒刑或者死刑，并处五万元以上五十万元以下罚金或者没收财产。

(1) 伪造货币集团的首要分子；

(2) 伪造货币数额特别巨大的；

(3) 有其他特别严重情节的。

(二)出售、购买、运输假币罪；金融工作人员购买假币、以假币换取货币罪；伪造货币罪

《中华人民共和国刑法》第一百七十一条规定：出售、购买伪造的货币或者明知是伪

造的货币而运输，数额较大的，处三年以下有期徒刑或者拘役，并处二万元以上二十万元以下罚金；数额巨大的，处三年以上十年以下有期徒刑，并处五万元以上五十万元以下罚金；数额特别巨大的，处十年以上有期徒刑或者无期徒刑，并处五万元以上五十万元以下罚金或者没收财产。

银行或者其他金融机构的工作人员购买伪造的货币或者利用职务上的便利，以伪造的货币换取货币的，处三年以上十年以下有期徒刑，并处二万元以上二十万元以下罚金；数额巨大或者有其他严重情节的，处十年以上有期徒刑或者无期徒刑，并处二万元以上二十万元以下罚金或者没收财产；情节较轻的，处三年以下有期徒刑或者拘役，并处或者单处一万元以上十万元以下罚金。

伪造货币并出售或者运输伪造的货币的，依照本法第一百七十条的规定定罪从重处罚。

(三)持有、使用假币罪

《中华人民共和国刑法》第一百七十二条规定：明知是伪造的货币而持有、使用，数额较大的，处三年以下有期徒刑或者拘役，并处或者单处一万元以上十万元以下罚金；数额巨大的，处三年以上十年以下有期徒刑，并处二万元以上二十万元以下罚金；数额特别巨大的，处十年以上有期徒刑，并处五万元以上五十万元以下罚金或者没收财产。

(四)变造货币罪

《中华人民共和国刑法》第一百七十三条规定：变造货币，数额较大的，处三年以下有期徒刑或者拘役，并处或者单处一万元以上十万元以下罚金；数额巨大的，处三年以上十年以下有期徒刑，并处二万元以上二十万元以下罚金。

第五节　外币的识别

外汇是在财经工作中经常遇到的支付手段和资产。作为财务工作者，了解和掌握人民币兑换外汇的相关知识和技能，才能更好地适应社会的发展，顺利地开展工作。

一、外汇的定义

《中华人民共和国外汇管理条例》中所称的外汇，是指下列以外币表示的可以用作国际清偿的支付手段的资产。

(1) 外国货币，包括钞票、铸币等。

(2) 外币有价证券，包括政府公债、国库券、公司债券、股票、息票等。

(3) 外币支付凭证，包括票据、银行存款凭证、邮电储蓄凭证。

(4) 其他外汇资金。在我国，有20余种外币可以在外汇市场上挂牌买卖，它们是：美元(USD)、德国马克(DEM)、欧元(EUR)、日元(JPY)、英镑(GBP)、瑞士法郎(CHF)、法国法郎(FRF)、意大利里拉(ITL)、荷兰盾(NLG)、比利时法郎(BEC)、丹麦克朗(DKK)、瑞典克朗

(SEK)、奥地利先令(ATS)、加拿大元(CAD)、澳大利亚元 (AUD)、新西兰元(NZD)、新加坡元(SIN)、马来西亚林吉特 (MYR)等。

二、常见的外币

(一)美元

美元(United States Dollar，USD)俗称美金，是美国的官方货币，货币符号为$。现行流通的美元纸币是自 1929 年以来发行的各版钞票，数量最多的是联邦储备券，其纸币面额有 1 美元、2 美元、5 美元、10 美元、20 美元、50 美元、100 美元，硬币面额有 1 美分、5 美分、10 美分、25 美分、50 美分和 1 美元，如图 4-6 所示。

图 4-6　美元

(二)欧元

欧元(European Dollar，EUR)，1999 年 1 月 1 日起在奥地利、比利时、法国、德国、芬兰、荷兰、卢森堡、爱尔兰、意大利、葡萄牙和西班牙 11 个国家(欧元区国家)正式使用，并于 2002 年 1 月 1 日取代上述 11 国的货币。欧元共有 7 种券别的纸币和 8 种券别的硬币。纸币面额有 5 欧元、10 欧元、20 欧元、50 欧元、100 欧元、200 欧元、500 欧元 7 种。硬币面额有 1 欧分、2 欧分、5 欧分、10 欧分、20 欧分、50 欧分、1 欧元、2 欧元 8 种，如图 4-7 所示。

图 4-7　欧元

(三)英镑

现在的英镑(Great Britain Pound，GBP)也叫"英磅"。英国纸币分为 1 镑(于 1988 年停止流通)、5 镑、10 镑、20 镑和 50 镑，如图 4-8 所示，所有币值的纸币正面皆印有英国君主像、编号及币值，不同币值的纸币，背面则印有不同的英国名人像。所有硬币正面皆为英国君主像，背面除铸有币值外，在不同行政区所铸的硬币有不同的图案。但不论硬币于哪个行政区铸造，皆全国通用。

图 4-8　英镑

(四)日元

日元(Japanese Yen，JPY)是日本的官方货币，于 1871 年发行。其纸币称为日本银行券，有 1 000 日元、2 000 日元、5 000 日元、10 000 日元 4 种面额，硬币有 1 日元、5 日元、10 日元、50 日元、100 日元、500 日元，如图 4-9 所示。日元也经常在美元和欧元之后被当作储备货币。

图 4-9　日元

(五)港元

港元也称港币(Hong Kong Dollar，HKD)，是中华人民共和国香港特别行政区的法定流通货币。按照香港特区基本法和中英联合声明，香港的自治权包括自行发行货币的权力。虽然港元只在香港有法定地位，但在中国内地和澳门特区的很多地方也接受港元，如图 4-10 所示。纸币面额有 10 元、20 元、50 元、100 元、500 元、1000 元 6 种，硬币有 1 毫、2 毫、

5毫、1元、2元、5元、10元7种。

图 4-10　港元

(六)澳门币

澳门币(Macau Pataca，MOP)，纸币由澳门金融管理局授权大西洋银行与中国银行澳门分行发行。钞票面额有 1 000 元、500 元、100 元、50 元、10 元、5 元等面额的纸币，另有 5 元、1 元及 50 分、20 分、10 分硬币，由澳门金融管理局负责发行，如图 4-11 所示。1 元等于 100 分(AVOs)。

图 4-11　澳门币

三、外币的使用范围

中国境内居民个人购汇实行年度总额管理，每年度总额为每人每年等值 5 万美元。如在年度总额内购汇，凭本人真实身份证明向银行申报用途后即可办理购汇。

1. 购汇用途

自费出境学习学费、生活费、出境旅游、商务考察、探亲会友、境外就医、朝觐、境外培训、被聘工作、国际交流、出境定居、外派劳务、境外邮购费用、缴纳国际组织会费、境外直系亲属救助、境外咨询、其他相关费用等经常项目购汇。

2. 审核材料

(1) 本人真实身份证明，包括：本人身份证(中国公民)、户口簿(十六岁以下中国公民)、军人身份证件(中国人民解放军)、武装警察身份证件(中国人民武装警察)、港澳居民往来内地通行证(港澳居民)、台湾居民往来大陆通行证(台湾居民)、护照(外国公民)。

(2) 由直系亲属代为办理的，还露提供委托人的授权书、代办人的真实身份证明和亲属关系证明。

3. 购汇额度

个人购汇年度总额为每人每年等值 5 万美元。

4. 注意事项

(1) 年度总额不得跨公历年度使用，对于上一年度未使用或未用完的额度不得转入下一年度使用。

(2) 境内居民个人所购外汇可以存入本人境内外汇账户汇出境外，也可以持汇票、旅行支票、信用卡等出境外。个人提取外币现钞当日累计等值 1 万美元(含)以下的，可以在银行直接办理；超过上述金额的，凭本人身份证件、提钞用途材料向当地外汇局报备。银行凭外汇局出具的有关凭证为个人办理提钞业务。

(3) 境内居民个人所购外汇可存入本人外汇账户，也可提取外币现钞并携带出境。

(4) 境内居民个人购汇不受其户籍所在地地域的限制。

(5) 境内居民个人身份证号码如出现重复，应提供当地公安机关出具的确认证明，银行方能为其办理购汇手续。

四、人民币与外币的兑换

目前，任何中国公民凭身份证到有外币经营业务的商业银行(中国工商银行、中国农业银行、中国建设银行、中国银行等均可)，都可以按当天牌价兑换我国认可的可通兑货币，如美元、欧元、日元等。具体办理流程如下。

(1) 选择有外币业务的银行，进入大厅后，到排号机前领取"个人业务"排号。

(2) 向银行工作人员说明用人民币购买何种外币以及购买外币的意图(如旅游、留学、理财等)，填写《居民个人购买外汇申请书》，并按规定提供有效证件。

(3) 银行工作人员审核相关购汇材料后，办理购汇业务。在办理业务期间，工作人员会告知当天的汇差(汇率根据市场波动而变化)，确认客户是否购汇。

(4) 业务办理完毕后银行工作人员出示个人购汇申请表的红联与业务传票，提示核对。

练 习 题

1. 单选题

(1) 自 1999 年 10 月 1 日起，中国人民银行陆续发行了(　　　)人民币。

    A. 第二套　　　　B. 第三套　　　　C. 四套　　　　D. 五套

(2) 中国人民银行于(　　　)起在全国陆续发行第五套人民币。第五套人民币有8种面额。

    A. 1999 年 9 月 1 日　　　　　　B. 1999 年 11 月 1 日

    C. 1999 年 10 月 1 日　　　　　　D. 1998 年 10 月 1 日

(3) 1999 年 10 月 1 日起,中国人民银行开始发行第五套人民币,其中没有发行(　　)面额钞票。

    A. 5 角　　　　　　B. 1 元　　　　　　C. 2 元　　　　　　D. 10 元

(4) 第五套人民币 50 元纸币背面主景是(　　)图案。

    A. 人民大会堂　　　B. 布达拉宫　　　C. 桂林山水　　　D. 黄河

(5) 第五套人民币上的中国人民银行行名的字体是(　　)。

    A. 华文新魏　　　　B. 隶书　　　　　C. 魏碑"张黑女"　　　D. 楷书

(6) 第五套人民币各面额纸币的(　　)均在正面右下方。

    A. 隐形面额数字　　　　　　　　　B. 盲文面额标记

    C. 磁性防伪图像　　　　　　　　　D. 凹印数字标记

(7) 第五套人民币纸币隐形面额数字位于钞票(　　)右上方。

    A. 正面　　　　　　B. 背面　　　　　C. 背面主景　　　D. 正面主景

(8) 第五套人民币 100 元、50 元纸币采用了立体感很强的(　　)固定水印,该水印均位于票面正面(　　)空白处。

    A. 花卉　下方　　　　　　　　　　B. 毛泽东头像　左侧

    C. 少数民族刺绣　上方　　　　　　D. 盲文标记　右侧

(9) 第五套人民币纸币的(　　)图案在迎光观察时,正背面图案重合并组合成个完整的古钱币图案。

    A. 固定头像　　　　　　　　　　　B. 盲文面额数字

    C. 安全线　　　　　　　　　　　　D. 阴阳互补对印图案

(10) 第五套人民币纸币的胶印对印图案在迎光观察时,正背面图案重合并组合成完整的(　　)图案。

    A. 古钱币　　　　　B. 银圆　　　　　C. 五星　　　　　D. 国徽

2. 实操题

(1) 同学们 5 人为一小组,课下准备 10 元、20 元、50 元、100 元面值的人民币纸币各一张,由小组内每个成员分别指出各种面值人民币的防伪特征,并讨论在日常生活和工作中如何有效地鉴别假币。

(2) 同学们 2 人为一小组,分别到中国银行、中国建设银行、中国农业银行等银行调研人民币兑换外币的流程(可采用观察、咨询等方式)并写出兑换外币的流程。

课 外 阅 读

中华人民共和国人民币管理条例

(中华人民共和国国务院令 280 号)2000 年 2 月 3 日发布

第一章　总　则

第一条　为了加强对人民币的管理,维护人民币的信誉,稳定金融秩序,根据《中华人民共和国中国人民银行法》，制定本条例。

第二条　本条例所称人民币，是指中国人民银行依法发行的货币，包括纸币和硬币。

从事人民币的设计、印制、发行、流通和回收等活动，应当遵守本条例。

第三条　中华人民共和国的法定货币是人民币。以人民币支付中华人民共和国境内的一切公共的和私人的债务，任何单位和个人不得拒收。

第四条　人民币的单位为元，人民币辅币单位为角、分。1元等于10角，1角等于10分。

人民币依其面额支付。

第五条　中国人民银行是国家管理人民币的主管机关，负责本条例的组织实施。

第六条　任何单位和个人都应当爱护人民币。禁止损害人民币和妨碍人民币流通。

第二章　设计和印制

第七条　新版人民币由中国人民银行组织设计，报国务院批准。

第八条　人民币由中国人民银行指定的专门企业印制。

第九条　印制人民币的企业应当按照中国人民银行制定的人民币质量标准和印制计划印制人民币。

第十条　印制人民币的企业应当将合格的人民币产品全部解缴中国人民银行人民币发行库，将不合格的人民币产品按照中国人民银行的规定全部销毁。

第十一条　印制人民币的原版、原模使用完毕后，由中国人民银行封存。

第十二条　印制人民币的特殊材料、技术、工艺、专用设备等重要事项属于国家秘密。印制人民币的企业和有关人员应当保守国家秘密；未经中国人民银行批准，任何单位和个人不得对外提供。

第十三条　未经中国人民银行批准，任何单位和个人不得研制、仿制、引进、销售、购买和使用印制人民币所特有的防伪材料、防伪技术、防伪工艺和专用设备。

第十四条　人民币样币是检验人民币印制质量和鉴别人民币真伪的标准样本，由印制人民币的企业按照中国人民银行的规定印制。人民币样币上应当加印"样币"字样。

第三章　发行和回收

第十五条　人民币由中国人民银行统一发行。

第十六条　中国人民银行发行新版人民币，应当报国务院批准。

中国人民银行应当将新版人民币的发行时间、面额、图案、式样、规格、主色调、主要特征等予以公告。

中国人民银行不得在新版人民币发行公告发布前将新版人民币支付给金融机构。

第十七条　因防伪或者其他原因，需要改变人民币的印制材料、技术或者工艺的，由中国人民银行决定。

中国人民银行应当将改版后的人民币的发行时间、面额、主要特征等予以公告。

中国人民银行不得在改版人民币发行公告发布前将改版人民币支付给金融机构。

第十八条　中国人民银行可以根据需要发行纪念币。

纪念币是具有特定主题的限量发行的人民币，包括普通纪念币和贵金属纪念币。

第十九条　纪念币的主题、面额、图案、材质、式样、规格、发行数量、发行时间等由中国人民银行确定；但是，纪念币的主题涉及重大政治、历史题材的，应当报国务院批准。

中国人民银行应当将纪念币的主题、面额、图案、材质、式样、规格、发行数量、发行时间等予以公告。

中国人民银行不得在纪念币发行公告发布前将纪念币支付给金融机构。

第二十条 中国人民银行设立人民币发行库，在其分支机构设立分支库，负责保管人民币发行基金。各级人民币发行库主任由同级中国人民银行行长担任。

人民币发行基金是中国人民银行人民币发行库保存的未进入流通的人民币。

人民币发行基金的调拨，应当按照中国人民银行的规定办理。任何单位和个人不得违反规定动用人民币发行基金，不得干扰、阻碍人民币发行基金的调拨。

第二十一条 特定版别的人民币的停止流通，应当报国务院批准，并由中国人民银行公告。

办理人民币存取款业务的金融机构应当按照中国人民银行的规定，收兑停止流通的人民币，并将其交存当地中国人民银行。

中国人民银行不得将停止流通的人民币支付给金融机构，金融机构不得将停止流通的人民币对外支付。

第二十二条 办理人民币存取款业务的金融机构应当按照中国人民银行的规定，无偿为公众兑换残缺、污损的人民币，挑剔残缺、污损的人民币，并将其交存当地中国人民银行。

中国人民银行不得将残缺、污损的人民币支付给金融机构，金融机构不得将残缺、污损的人民币对外支付。

第二十三条 停止流通的人民币和残缺、污损的人民币，由中国人民银行负责回收、销毁。具体办法由中国人民银行制定。

第四章 流通和保护

第二十四条 办理人民币存取款业务的金融机构应当根据合理需要的原则，办理人民币券别调剂业务。

第二十五条 禁止非法买卖流通人民币。

纪念币的买卖，应当遵守中国人民银行的有关规定。

第二十六条 装帧流通人民币和经营流通人民币，应当经中国人民银行批准。

第二十七条 禁止下列损害人民币的行为：

(一)故意毁损人民币；

(二)制作、仿制、买卖人民币图样；

(三)未经中国人民银行批准，在宣传品、出版物或者其他商品上使用人民币图样；

(四)中国人民银行规定的其他损害人民币的行为。

前款人民币图样包括放大、缩小和同样大小的人民币图样。

第二十八条 人民币样币禁止流通。

人民币样币的管理办法，由中国人民银行制定。

第二十九条 任何单位和个人不得印制、发售代币票券，以代替人民币在市场上流通。

第三十条 中国公民出入境、外国人入出境携带人民币实行限额管理制度，具体限额由中国人民银行规定。

第三十一条 禁止伪造、变造人民币。禁止出售、购买伪造、变造的人民币。禁止走私、运输、持有、使用伪造、变造的人民币。

第三十二条 单位和个人持有伪造、变造的人民币的，应当及时上交中国人民银行、公安机关或者办理人民币存取款业务的金融机构；发现他人持有伪造、变造的人民币的，应当立即向公安机关报告。

第三十三条 中国人民银行、公安机关发现伪造、变造的人民币，应当予以没收，加盖"假币"字样的戳记，并登记造册；持有人对公安机关没收的人民币的真伪有异议的，可以向中国人民银行申请鉴定。

公安机关应当将没收的伪造、变造的人民币解缴当地中国人民银行。

第三十四条 办理人民币存取款业务的金融机构发现伪造、变造的人民币，数量较多、有新版的伪造人民币或者有其他制造贩卖伪造、变造的人民币线索的，应当立即报告公安机关；数量较少的，由该金融机构两名以上工作人员当面予以收缴，加盖"假币"字样的戳记，登记造册，向持有人出具中国人民银行统一印制的收缴凭证，并告知持有人可以向中国人民银行或者向中国人民银行授权的国有独资商业银行的业务机构申请鉴定。对伪造、变造的人民币收缴及鉴定的具体办法，由中国人民银行制定。

办理人民币存取款业务的金融机构应当将收缴的伪造、变造的人民币解缴当地中国人民银行。

第三十五条 中国人民银行和中国人民银行授权的国有独资商业银行的业务机构应当无偿提供鉴定人民币真伪的服务。

对盖有"假币"字样戳记的人民币，经鉴定为真币的，由中国人民银行或者中国人民银行授权的国有独资商业银行的业务机构按照面额予以兑换；经鉴定为假币的，由中国人民银行或者中国人民银行授权的国有独资商业银行的业务机构予以没收。

中国人民银行授权的国有独资商业银行的业务机构应当将没收的伪造、变造的人民币解缴当地中国人民银行。

第三十六条 办理人民币存取款业务的金融机构应当采取有效措施，防止以伪造、变造的人民币对外支付。

办理人民币存取款业务的金融机构应当在营业场所无偿提供鉴别人民币真伪的服务。

第三十七条 伪造、变造的人民币由中国人民银行统一销毁。

第三十八条 人民币反假鉴别仪应当按照国家规定标准生产。

人民币反假鉴别仪国家标准，由中国人民银行会同有关部门制定，并协助组织实施。

第三十九条 人民币有下列情形之一的，不得流通：

(一)不能兑换的残缺、污损的人民币；

(二)停止流通的人民币。

第五章 罚 则

第四十条 印制人民币的企业和有关人员有下列情形之一的，由中国人民银行给予警告，没收违法所得，并处违法所得 1 倍以上 3 倍以下的罚款，没有违法所得的，处 1 万元以上 10 万元以下的罚款；对直接负责的主管人员和其他直接责任人员，依法给予纪律处分：

(一)未按照中国人民银行制定的人民币质量标准和印制计划印制人民币的；

(二)未将合格的人民币产品全部解缴中国人民银行人民币发行库的;

(三)未按照中国人民银行的规定将不合格的人民币产品全部销毁的;

(四)未经中国人民银行批准,擅自对外提供印制人民币的特殊材料、技术、工艺或者专用设备等国家秘密的。

第四十一条 违反本条例第十三条规定的,由工商行政管理机关和其他有关行政执法机关给予警告,没收违法所得和非法财物,并处违法所得 1 倍以上 3 倍以下的罚款;没有违法所得的,处 2 万元以上 20 万元以下的罚款。

第四十二条 办理人民币存取款业务的金融机构违反本条例第二十一条第二款、第三款和第二十二条规定的,由中国人民银行给予警告,并处 1 000 元以上 5 000 元以下的罚款;对直接负责的主管人员和其他直接责任人员,依法给予纪律处分。

第四十三条 故意毁损人民币的,由公安机关给予警告,并处 1 万元以下的罚款。

第四十四条 违反本条例第二十五条、第二十六条、第二十七条第一款第二项和第四项规定的,由工商行政管理机关和其他有关行政执法机关给予警告,没收违法所得和非法财物,并处违法所得 1 倍以上 3 倍以下的罚款;没有违法所得的,处 1 000 元以上 5 万元以下的罚款。

工商行政管理机关和其他有关行政执法机关应当销毁非法使用的人民币图样。

第四十五条 办理人民币存取款业务的金融机构、中国人民银行授权的国有独资商业银行的业务机构违反本条例第三十四条、第三十五条和第三十六条规定的,由中国人民银行给予警告,并处 1 000 元以上 5 万元以下的罚款;对直接负责的主管人员和其他直接责任人员,依法给予纪律处分。

第四十六条 中国人民银行、公安机关、工商行政管理机关及其工作人员违反本条例有关规定的,对直接负责的主管人员和其他直接责任人员,依法给予行政处分。

第四十七条 违反本条例第二十条第三款、第二十七条第一款第三项、第二十九条和第三十一条规定的,依照《中华人民共和国中国人民银行法》的有关规定予以处罚;其中,违反本条例第三十一条规定,构成犯罪的,依法追究刑事责任。

第六章 附 则

第四十八条 本条例自 2000 年 5 月 1 日起施行。

中国人民银行假币收缴、鉴定管理办法

第一章 总 则

第一条 为规范对假币的收缴、鉴定行为,保护货币持有人的合法权益,根据《全国人民代表大会常务委员会关于惩治破坏金融秩序犯罪的决定》和《中华人民共和国人民币管理条例》制定本办法。

第二条 办理货币存取款和外币兑换业务的金融机构收缴假币、中国人民银行及其授权的鉴定机构鉴定货币真伪适用本办法。

第三条 本办法所称货币是指人民币和外币。人民币是指中国人民银行依法发行的货币,包括纸币和硬币;外币是指在我国境内(香港特别行政区、澳门特别行政区及台湾地区除外)可收兑的其他国家或地区的法定货币。

本办法所称假币是指伪造、变造的货币。

伪造的货币是指仿照真币的图案、形状、色彩等，采用各种手段制作的假币。

变造的货币是指在真币的基础上，利用挖补、揭层、涂改、拼凑、移位、重印等多种方法制作，改变真币原形态的假币。

本办法所称办理货币存取款和外币兑换业务的金融机构(以下简称"金融机构")是指商业银行、城乡信用社、邮政储蓄的业务机构。

本办法所称中国人民银行授权的鉴定机构，是指具有货币真伪鉴定技术与条件，并经中国人民银行授权的商业银行业务机构。

第四条　金融机构收缴的假币，每季末解缴中国人民银行当地分支行，由中国人民银行统一销毁，任何部门不得自行处理。

第五条　中国人民银行及其分支机构依照本办法对假币收缴、鉴定实施监督管理。

第二章　假币的收缴

第六条　金融机构在办理业务时发现假币，由该金融机构两名以上业务人员当面予以收缴。对假人民币纸币，应当面加盖"假币"字样的戳记；对假外币纸币及各种假硬币，应当面以统一格式的专用袋加封，封口处加盖"假币"字样戳记，并在专用袋上标明币种、券别、面额、张(枚)数、冠字号码、收缴人、复核人名章等细项。收缴假币的金融机构(以下简称"收缴单位")向持有人出具中国人民银行统一印制的《假币收缴凭证》，并告知持有人如对被收缴的货币真伪有异议，可向中国人民银行当地分支机构或中国人民银行授权的当地鉴定机构申请鉴定。收缴的假币，不得再交予持有人。

第七条　金融机构在收缴假币过程中有下列情形之一的，应当立即报告当地公安机关，提供有关线索：

(一)一次性发现假人民币20张(枚)(含20张、枚)以上、假外币10张(含10张、枚)以上的；

(二)属于利用新的造假手段制造假币的；

(三)有制造贩卖假币线索的；

(四)持有人不配合金融机构收缴行为的。

第八条　办理假币收缴业务的人员，应当取得《反假货币上岗资格证书》。《反假货币上岗资格证书》由中国人民银行印制。中国人民银行各分行、营业管理部、省会(首府)城市中心支行负责对所在省(自治区、直辖市)金融机构有关业务人员进行培训、考试和颁发《反假货币上岗资格证书》。

第九条　金融机构对收缴的假币实物进行单独管理，并建立假币收缴代保管登记簿。

第三章　假币的鉴定

第十条　持有人对被收缴货币的真伪有异议，可以自收缴之日起3个工作日内，持《假币收缴凭证》直接或通过收缴单位向中国人民银行当地分支机构或中国人民银行授权的当地鉴定机构提出书面鉴定申请。

中国人民银行分支机构和中国人民银行授权的鉴定机构应当无偿提供鉴定货币真伪的服务，鉴定后应出具中国人民银行统一印制的《货币真伪鉴定书》，并加盖货币鉴定专用章和鉴定人名章。

中国人民银行授权的鉴定机构，应当在营业场所公示授权证书。

第十一条　中国人民银行分支机构和中国人民银行授权的鉴定机构应当自收到鉴定申请之日起2个工作日内，通知收缴单位报送需要鉴定的货币。

收缴单位应当自收到鉴定单位通知之日起2个工作日内，将需要鉴定的货币送达鉴定单位。

第十二条　中国人民银行分支机构和中国人民银行授权的鉴定机构应当自受理鉴定之日起15个工作日内，出具《货币真伪鉴定书》。因情况复杂不能在规定期限内完成的，可延长至30个工作日，但必须以书面形式向申请人或申请单位说明原因。

第十三条　对盖有"假币"字样戳记的人民币纸币，经鉴定为真币的，由鉴定单位交收缴单位按照面额兑换完整券退还持有人，收回持有人的《假币收缴凭证》，盖有"假币"戳记的人民币按损伤人民币处理；经鉴定为假币的，由鉴定单位予以没收，并向收缴单位和持有人开具《货币真伪鉴定书》和《假币没收收据》。

对收缴的外币纸币和各种硬币，经鉴定为真币的，由鉴定单位交收缴单位退还持有人，并收回《假币收缴凭证》；经鉴定为假币的，由鉴定单位将假币退回收缴单位依法收缴，并向收缴单位和持有人出具《货币真伪鉴定书》。

第十四条　中国人民银行分支机构和中国人民银行授权的鉴定机构鉴定货币真伪时，应当至少有两名鉴定人员同时参与，并做出鉴定结论。

第十五条　中国人民银行各分支机构在复点清分金融机构解缴的回笼款时发现假人民币，应经鉴定后予以没收，向解缴单位开具《假币没收收据》，并要求其补足等额人民币回笼款。

第十六条　持有人对金融机构作出的有关收缴或鉴定假币的具体行政行为有异议，可在收到《假币收缴凭证》或《货币真伪鉴定书》之日起60个工作日内向直接监管该金融机构的中国人民银行分支机构申请行政复议，或依法提起行政诉讼。

持有人对中国人民银行分支机构作出的有关鉴定假币的具体行政行为有异议，可在收到《货币真伪鉴定书》之日起60个工作日内向其上一级机构申请行政复议，或依法提起行政诉讼。

第四章　罚　则

第十七条　金融机构有下列行为之一，但尚未构成犯罪的，由中国人民银行给予警告、罚款，同时，责成金融机构对相关主管人员和其他直接责任人给予相应纪律处分：

(一)发现假币而不收缴的；

(二)未按照本办法规定程序收缴假币的；

(三)应向人民银行和公安机关报告而不报告的；

(四)截留或私自处理收缴的假币，或使已收缴的假币重新流入市场的。

上述行为涉及假人民币的，对金融机构处以1000元以上5万元以下罚款；涉及假外币的，对金融机构处以1000元以下的罚款。

第十八条　中国人民银行授权的鉴定机构有下列行为之一，但尚未构成犯罪的，由中国人民银行给予警告、罚款，同时责成金融机构对相关主管人员和其他直接责任人给予相应纪律处分：

(一)拒绝受理持有人、金融机构提出的货币真伪鉴定申请的；

(二)未按照本办法规定程序鉴定假币的;

(三)截留或私自处理鉴定、收缴的假币,或使已收缴、没收的假币重新流入市场的。

上述行为涉及假人民币的,对授权的鉴定机构处以1 000元以上5万元以下罚款;涉及假外币的,对授权的鉴定机构处以1 000元以下的罚款。

第十九条 中国人民银行工作人员有下列行为之一,但尚未构成犯罪的,对直接负责的主管人员和其他直接责任人员,依法给予行政处分:

(一)未按照本办法规定程序鉴定假币的;

(二)拒绝受理持有人、金融机构、授权的鉴定机构提出的货币真伪鉴定或再鉴定申请的;

(三)截留或私自处理鉴定、收缴、没收的假币,或使已收缴、没收的假币重新流入市场的。

第五章 附 则

第二十条 本办法自2003年7月1日起施行。

第二十一条 本办法由中国人民银行负责解释。

中国人民银行残缺污损人民币兑换办法

中国人民银行令〔2003〕第7号

第一条 为维护人民币信誉,保护国家财产安全和人民币持有人的合法权益,确保人民币正常流通,根据《中华人民共和国中国人民银行法》和《中华人民共和国人民币管理条例》,制定本办法。

第二条 本办法所称残缺、污损人民币是指票面撕裂、损缺,或因自然磨损、侵蚀,外观、质地受损,颜色变化,图案不清晰,防伪特征受损,不宜再继续流通使用的人民币。

第三条 凡办理人民币存取款业务的金融机构(以下简称金融机构)应无偿为公众兑换残缺、污损人民币,不得拒绝兑换。

第四条 残缺、污损人民币兑换分"全额""半额"两种情况。

(一)能辨别面额,票面剩余四分之三(含四分之三)以上,其图案、文字能按原样连接的残缺、污损人民币,金融机构应向持有人按原面额全额兑换。

(二)能辨别面额,票面剩余二分之一(含二分之一)至四分之三以下,其图案、文字能按原样连接的残缺、污损人民币,金融机构应向持有人按原面额的一半兑换。

纸币呈正十字形缺少四分之一的,按原面额的一半兑换。

第五条 兑付额不足一分的,不予兑换;五分按半额兑换的,兑付二分。

第六条 金融机构在办理残缺、污损人民币兑换业务时,应向残缺、污损人民币持有人说明认定的兑换结果。不予兑换的残缺、污损人民币,应退回原持有人。

第七条 残缺、污损人民币持有人同意金融机构认定结果的,对兑换的残缺、污损人民币纸币,金融机构应当面将带有本行行名的"全额"或"半额"戳记加盖在票面上;对兑换的残缺、污损人民币硬币,金融机构应当面使用专用袋密封保管,并在袋外封签上加盖"兑换"戳记。

第八条 残缺、污损人民币持有人对金融机构认定的兑换结果有异议的,经持有人要求，金融机构应出具认定证明并退回该残缺、污损人民币。

持有人可凭认定证明到中国人民银行分支机构申请鉴定，中国人民银行应自申请日起5个工作日内做出鉴定并出具鉴定书。持有人可持中国人民银行的鉴定书及可兑换的残缺、污损人民币到金融机构进行兑换。

第九条　金融机构应按照中国人民银行的有关规定，将兑换的残缺、污损人民币交存当地中国人民银行分支机构。

第十条　中国人民银行依照本办法对残缺、污损人民币的兑换工作实施监督管理。

第十一条　违反本办法第三条规定的金融机构，由中国人民银行根据《中华人民共和国人民币管理条例》第四十二条规定，依法进行处罚。

第十二条　本办法自2004年2月1日起施行。1955年5月8日中国人民银行发布的《残缺人民币兑换办法》同时废止。

中国人民银行关于印发《不宜流通人民币挑剔标准》的通知

银发〔2003〕226号

中国人民银行各分行、营业管理部、省会(首府)城市中心支行、深圳市中心支行，各政策性银行、国有独资商业银行、股份制商业银行：

为提高流通人民币整洁度，维护人民币信誉，中国人民银行制定了《不宜流通人民币挑剔标准》，现印发你们，请自2004年1月1日起执行。执行中如有问题，请及时报告中国人民银行总行。

1998年起实行的《损伤人民币挑剔标准》和2001年起实行的《"七成新"纸币的基本标准》同时废止。

请人民银行各分行、营业管理部、省会(首府)城市中心支行将本通知转发至辖区内其他办理人民币存取款业务的金融机构。

中国人民银行

二○○三年十一月十三日

附件：

不宜流通人民币挑剔标准

一、纸币票面缺少面积在20平方毫米以上的。

二、纸币票面裂口2处以上，长度每处超过5毫米的；裂口1处，长度超过10毫米的。

三、纸币票面有纸质绵软，起皱较明显，脱色、变色、变形，不能保持其票面防伪功能等情形之一的。

四、纸币票面污渍、涂写字迹面积超过2平方厘米的；不超过2平方厘米，但遮盖了防伪特征之一的。

五、硬币有穿孔，裂口，变形，磨损，氧化，文字，面额数字、图案模糊不清等情形之一的。

中国人民银行关于进一步做好假人民币收缴工作的通知

银发〔2009〕98号

中国人民银行上海总部，各分行、营业管理部、省会(首府)城市中心支行，深圳市中心支行，中国农业发展银行，各国有商业银行，股份制商业银行，中国邮政储蓄银行：

为进一步规范假人民币收缴程序，加强假人民币收缴情况和技术特征分析，切实保护公众利益，现就加强假人民币收缴工作管理的有关事宜通知如下：

一、办理人民币存取款业务的金融机构应严格按照《中国人民银行假币收缴、鉴定管理办法》(中国人民银行令〔2003〕第4号发布)中有关程序和要求办理假人民币收缴业务，并保存好相关监控录像资料。严禁将已收到的假人民币退还客户，或将已收缴的假人民币重新流入市场。人民银行各分支机构要加大对反假货币工作的监管力度，对辖区内金融机构假人民币收缴业务进行检查，对违规行为要及时纠正，并按照有关规定进行查处。

二、为及时掌握各金融机构收缴假人民币情况，分析反假货币工作中出现的新情况，办理人民币存取款业务的金融机构应于每月末将当月收缴的假人民币实物解缴到人民银行当地分支机构。人民银行各分支机构应及时对假人民币收缴情况进行汇总、统计和分析，如发现利用新造假手段制作假人民币的情况，应立即报告总行。

三、办理人民币存取款业务的金融机构一次收缴持有人同一面额2张以上假人民币时，如假人民币冠字号码前6位不一致，应在"假币收缴凭证"中列明。有条件的金融机构可开发相关软件，实现机打生成"假币收缴凭证"，并保存收缴假人民币的相关信息。

四、各金融机构应全面检查本系统点验钞机具和ATM机使用情况，根据业务需要完善相关机具服务设施，特别是要进一步完善自动存取款设备钞币防伪鉴别系统，切实防止从金融机构ATM机流出假人民币。

请人民银行各分支机构将本通知转发至辖区内城市商业银行、农村商业银行、农村合作银行、城乡信用社。

本通知自发布之日起执行。

中国人民银行

二〇〇九年三月二十六日

中国人民银行办公厅关于做好商业银行人民币现钞处理设备管理工作的通知

银办发〔2009〕125号

人民银行上海总部，各分行、营业管理部，各省会(首府)城市中心支行，深圳市中心支行，各国有商业银行、股份制商业银行，中国邮政储蓄银行：

为有效堵截假币，维护商业银行信誉和社会公众利益，现就做好商业银行人民币现钞处理设备(包括点钞机、存款机、取款机、存取款一体机、清分机)的管理工作通知如下：

一、人民银行各分支机构、各商业银行都要高度重视人民币现钞处理设备的使用和管理工作。各商业银行要严把采购关，切实做好使用、日常维护和技术升级等环节的管理作。人民银行各分支机构要根据新发现假币的技术特点，督促商业银行对人民币现钞处理设备及时进行技术升级。

二、人民银行各分支机构要遵照《国家质量监督检验检疫总局、中国人民银行、工业和信息化部、国家工商行政管理总局关于开展人民币伪钞鉴别仪专项整治工作的通知》(国质检监联〔2009〕230号)精神，督促辖区内商业银行在做好点钞机专项整治工作的同时，更要加强对存款机、存取款一体机及清分机的规范化管理,有效防范假币从银行流出。

三、加强商业银行人民币现钞处理设备日常管理工作。人民银行各分支机构要密切关注假币制作技术的新动向，注意收集有特点的假币样张，提供给商业银行用于人民币现钞处理设备测试及技术升级工作；人民银行各分支机构要根据情况对辖内商业银行使用的点钞机、存款机、存取款一体机、清分机定期或不定期的组织测试检查，督促商业银行对不能识别假币的人民币现钞处理设备及时进行技术升级，不能升级及质量不过关、鉴伪能力有缺陷的设备要责令其停止使用，检查测试情况要在假币收缴鉴定情况检查报告中专题反映。各商业银行要对使用的现钞处理设备的鉴伪能力定期进行技术升级，一般每年不少于2次，如遇特殊情况要及时进行测试升级;对不能识别假币的设备，要督促生产厂家尽快进行升级，不能升级的要停止使用，测试升级情况要有书面记录，以备查阅。

四、强化商业银行自助设备加钞环节的管理。从2009年7月1日起，各商业银行供取款机、存取款一体机运行的钞票凡有条件的均需经清分机清分。未经过清分机清分的钞票必须经手工清点后方可加入自助设备。

请人民银行上海总部，各分行、营业管理部、省会(首府)城市中心支行将本通知转发至辖区内城市商业银行、农村商业银行、农村合作银行、城乡信用社。

中国人民银行办公厅

二〇〇九年六月二十二日

违反《中国人民银行假币收缴鉴定管理办法》的案例

一、假币收缴离开持有人视线，持有人胜诉

2003年10月，上海某银行柜台人员在办理陈某人民币存款业务中，发现一张可疑币，一时确定不了真假。当时正值营业高峰期，其他柜面人员都很忙，因此，办理此业务的临柜人员将该币拿进柜台后面办公室，与别人共同鉴别。经鉴别，该张可疑币为假币。柜台人员就出具了《假币收缴凭证》。

持有人陈某对收缴程序有异议，拒绝在《假币收缴凭证》上签字，随即向法院提起诉讼，其认为在办理存款业务过程中，柜员怀疑某张人民币真假，这张钞票曾离开过持有人视线，持有人提出，在离开视线过程中，柜员完全有可能将真币调换成假币。

对此，银行拿不出合理的理由应诉，该案结果银行败诉。

二、收缴假币程序不完整，农民工得到补偿

2009年4月29日，农民工谭某来到位于重庆市小龙坎嘉新广场附近的某银行嘉新分理处存钱，当时他拿去的是两张50元、3张20元、16张10元和16张5元的人民币，把钱和存折递进窗口后，柜台工作人员经鉴别，发现其中一张50元的钞票为假币，柜台工作人员随即叫来了另一工作人员，告知这张假币按有关规定当即予以收缴，并开具了《假币收缴凭证》。

但谭某却认为银行工作人员的收缴程序不完整，当时工作人员没有及时把钱贴在玻璃上，让他确认所收缴人民币的"冠字号"，就出具了《假币收缴凭证》，侵犯了自己的权利。谭某说，他不能确定当时收缴的假币是不是他递进去的那一张，他始终怀疑钱可能被工作人员调了包。为此，他认为工作人员的收缴程序有问题，拒绝在收缴凭证上签字。

此后，应谭某的要求，5月18日，中国人民银行重庆市营业部对银行收缴该张假币做了鉴定，鉴定结果为该张纸币为假。但谭某却认为，他无法辨识被鉴定的这张纸币是否就是他递进柜台的那一张；他要求银行方面拿出当时的录像来。而银行方面则称，录像带老化无法提供当时的录像。

谭某把自己的遭遇向小龙坎嘉新社区的农民工关爱之家的工作人员进行了反映。工作人员获知情况后，带着谭某来到了当时发生争议的银行进行调解。经协商，银行方面认为"在收缴假币过程中，储蓄所员工在收缴程序上不够完整，语气上未耐心向客户解释"，因此决定对当时办理业务的两名员工分别处以 400 元处罚；同时，考虑到谭某在"两次鉴定过程中耽误了一些时间"，因此决定对"谭某给予误工补偿费 800 元整"。谭某对假币收缴一事的处理不再提出异议，表示满意。

三、加盖印章的假币重新流入市场

2003 年 8 月，中国银行北京分行某分理处在办理业务时发现一张编号为"HC68366953"，且盖有"浙 1051****"字样假币印章的 100 元面额人民币假币，中行同志高度重视，及时将有关情况报告人民银行总行。

人民银行总行责成杭州中心支行负责调查此事件。经调查，该张假币来自于浙江丽水某建设银行。调查人员对临柜人员进行了逐个谈话和排查，并调阅了相关录像资料。经分析，造成该事件的原因是：临柜人员在办理存款业务时，发现假币，并按收缴程序办理假币收缴业务。客户办理完相关手续后，要求自己再辨认一下该假币，临柜人员经不起客户的缠扰，在加盖假币印章后又将假币递给了客户，客户乘机拿走假币跑掉，造成收缴的假币重新流入社会的现象。

当地人民银行根据《中国人民银行假币收缴鉴定管理办法》第十七条规定，对该行处以 20 000 元处罚，并责成对相关人员给予纪律处分。这是《中国人民银行假币收缴鉴定管理办法》实施后，第一起行政处罚事件。

四、非鉴定机构鉴定货币真伪属无效行为

2004 年 7 月 1 日上午，肇庆市邮政储汇分局某营业处受理客户纪女士现金汇款业务金额 10 000 元，其中有 90 枚 1 元硬币。经办人员经鉴别，认为其中 78 枚硬币为假币，并与其他一名柜员，当着纪女士的面，将 78 枚疑似假币收缴装入信封加封，并向纪女士出具了假币收缴凭证。纪女士对收缴的货币真伪有异议，提出鉴定申请。

当日上午下班前，该营业处当班负责人将可疑币送到邮政储汇分局，与业务管理员一起拆封鉴定，确认这 78 枚硬币中有 76 枚真币，2 枚假币。纪女士得知上述结果后，认为对方鉴定处理不当，并于 7 月 3 日向中国人民银行肇庆市中心支行投诉。

人民银行肇庆市中心支行调查核实后认为，肇庆市邮政储汇分局不是人民银行授权的货币真伪鉴定机构，肇庆市邮政储汇分局某营业处在持有人提出异议，要求鉴定的情况下，不按有关规程操作，没有向货币鉴定机构提出鉴定申请，并在当事人不在场的情况下自行拆封鉴定，属违规操作行为。

人民银行广州分行对此事件向全省通报批评，要求各金融机构引以为戒，全面理解《中国人民银行假币收缴鉴定管理办法》各条款，切实提高柜员在实际工作中依法办事的意识。

五、首次发现的新版假币不能作销毁处理

2006 年 11 月，总行收到某省会中心支行的假币销毁申请。在审核该申请时，发现有一条"2005 年版 5 元纸币，张数 2 张，面额小计 10 元"的记录，立即引起审核人员的注意。

2005 年版 5 元纸币自 2005 年 8 月 31 日发行以来，总行从未接到发现该券别假币的信息。是不是市场上已经出现了该券别假币?审核人员立即与该中心支行取得了联系，要求查明此事。

很快，中心支行来电证实，该假币是 2006 年 6 月 15 日其辖内商业银行柜面收缴的，是该辖区第一次发现 2005 年版 5 元假币，应作为假币样张报送至总行。但因下级行没有将有关信息上报省会中心支行，省会中心支行对下级行上报的假币销毁申请又没有审核，致使第一次发现的新版假币出现在假币销毁申请中。总行对该假币作了未通过批复处理。

这是全国范围内首次发现 2005 年版 5 元假币，出现假币的时间距发行时间 288 天。

六、违反假币收缴程序，受到经济处罚

2007 年 1 月，持币人王某对工商银行哈尔滨某分理处收缴其 2005 年版 100 元假币真伪有异议，到中国人民银行哈尔滨中心支行申请再鉴定。该行受理后，发现收缴行给持币人开具的《假币收缴凭证》上只有经办员名章，没有复核人员名章。哈尔滨中心支行立即派员前往该分理处进行调查核实情况。经调阅相关录像资料，录像显示该分理处某经办员在 1 月*日在为王某办理人民币存款业务时发现王某的款项中有一张 100 元假假，当场予以收缴，而在收缴假币的全程业务中只由该经办员一人办理，没有做到双人复核、双人收缴，并存在填写的《假币收缴凭证》不规范等问题。

人民银行哈尔滨中心支行根据《中国人民银行假币收缴鉴定管理办法》第十七条规定，对该分理处予以 5 000 元人民币的经济处罚。

第五章　点 钞 技 术

【学习目标】

了解点钞的基本知识；掌握点钞的基本方法与要领；熟练掌握实用型点钞(单指单张、单指多张)的技巧，通过不断的练习，达到技能考核参考标准；熟悉点钞机的操作程序，能熟练操作点钞机。

第一节　点 钞 概 述

一、点钞的意义

点钞就是按照一定方法查数票币数额的工作，是财务和金融系统必备的业务技能之一。财务和金融系统的出纳部门中最重要且繁重的工作是现金的收入、付出和整点。

点钞是金融、财经类工作人员必须掌握的一项基本业务技能，一般分为手工点钞和机器点钞两种方法。在整点票币时，不仅要做到点数准确无误，还必须对损伤票币、伪造币及变造币进行挑拣和处理，保证点钞的质量和速度。点钞速度的快慢、水平的高低、质量的好坏直接关系到企业及金融机构的资金周转和货币流通速度、银行工作效率及服务质量的高低。学好点钞技术是搞好工作的基础，也是金融、财经类工作人员的基本业务素质之一。为了提高自身的点钞技术水平，除了掌握一定的票币整点方法和鉴别知识外，还应在平时多学多练，这样才能在工作中得心应手。

二、点钞的分类方法

在广大业务人员积累丰富实践经验的基础上，点钞方法不断得到改进和提高。目前点钞方法种类繁多，大概有 20 种。

1. 点钞方法按清点币种的性质分类

点钞方法按清点币种的性质，可分为纸币整点和硬币清点。

2. 点钞方法按是否自动化分类

点钞方法按是否自动化可分为机器点钞和手工点钞。

1)　机器点钞

机器点钞是指使用点钞机整点钞票来代替手工整点。

2)　手工点钞

在没有点钞机之前，全部用手工点钞，这是点钞的一种基本方法，它不受客观条件的限制，只要熟练掌握，在工作中与机器点超速度相差不大。手工点钞指将纸币和硬币置于桌面，由人工进行清点计数的方法。

三、点钞的基本程序

点钞时，点钞人员应随时挑出损伤票币，将面额大小不一、券别种类不同的票面，按挑剔残币的有关规定进行挑拣和分类整理。经过整理后的票币依据一定的方法，按照标准进行点数。点数后，纸币按券分别平铺、捆扎、盖章。具体程序如下。

1. 拆把

把待点的成把钞票的封条拆掉，同时做好点数的准备。

2. 点数

手中点钞，脑中计数，点准100张钞票。

3. 扎把

把点准的100张(或不足100张)钞票墩齐，并用腰条扎紧，不足100张的要在腰条上写出实点数金额。

4. 盖章

在扎好的腰条上加盖经办人名章，以明确责任。

第二节　手工点钞方法

一、手工点钞的基本要求

点钞技术的好坏，直接影响工作的效率和质量，人民币的收、付和整点工作者，必须掌握一套过硬的点钞本领，重视点钞这一基本技能的训练。学习点钞，首先要掌握基本要领，其掌握得好，可以达到事半功倍的效果。

1. 坐姿端正

点钞的坐姿直接影响点钞技术的发挥和提高。点钞员的坐姿应体现出饱满的精神状态、积极热情的工作要求。正确的坐姿应该是直腰挺胸，双脚平放地面，身体自然，肌肉放松，双肘自然放在桌上，持票的左手腕部接触桌面，右手腕部稍抬起，整点票币轻松持久，手指活动自如。

2. 辅助工具摆放适当

点钞时使用的印泥、图章、海绵盒、腰条及笔等要按使用顺序摆放在固定位置，以便点钞时使用顺手，摆放位置以方便实用为原则。如将未整点的款项放在左侧，海绵盒放在中间，腰条放在右侧上部，整点完的款项放在右侧，呈半圆形放置好。这样做，摆放紧凑、

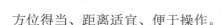

方位得当、距离适宜、便于操作。

3. 开扇均匀

使用各种点钞方法时，都应将票币打开成微扇形或坡形，便于捻动并防止夹张，这样能提高点钞的速度和准确性。

4. 清点准确

点钞的关键是"准"，清点和记数的准确是点钞的基本要求，点数不准不仅影响日常工作的质量，而且会产生差错，造成损失。想做到点数准确就要在点数前做好思想准备、款项准备和工具准备。在点数时，一是精神要集中；二是坚持定型操作，坚持复核；三是双手点钞，眼睛看钞，脑子计数，手、眼、脑有机结合，三位一体，才能达到准的效果。

5. 残损币的挑剔

在整点时，发现残损和破旧不堪的钞票，要随手向外折叠，使钞票伸出外面一截，待点完后，抽出残损和破旧不堪的钞票，补上完好钞票。

6. 票币墩齐

票币点好后，一定要把钞票在操作台面上墩齐，并要求钞票四条边水平齐整，不能露头或呈梯形错开，卷角应打开，褶皱拉平，然后才能捆扎。

7. 捆扎合格

捆扎现金要每 100 张为一把，用腰条在钞票中间扎好，不足 100 张的则将腰条捆扎在一端的 1/3 处，并将张数、金额数字写在腰条的正面。钞票捆扎应松紧适度。扎小把应以第一张钞票轻轻向斜上方提而不能被抽出为标准。扎大捆应以"井"字形捆扎，以用力推不变形、抽不出票子为标准。

8. 盖章清晰

盖章是点钞的最后一环。腰条上的名章，是分清责任的标志。所以，凡经整点的现金，必须在整点后，在钱把侧面腰条上加盖经办人的图章。每 10 把钞票用细绳以双十字捆扎为一捆，在顶端加贴封签(通常叫封包签)，并加盖捆扎人的名章。图章一定要盖得清晰可辨，以明确责任。

9. 动作流畅

动作连贯是保证点钞质量和提高效率的必要条件，点钞过程的各个环节必须密切配合，环环相扣。清点中双手动作要协调，速度要均匀，将拆把、整点、墩齐、扎把、盖章等环节紧密配合。如：在单指单张中，点钞是左手取款拆小把，右手指蘸水；整点中轻点快弹，右手捻钞票，左手向前送钞；点完墩齐 100 张钞票的同时，眼睛注视腰条并用右手马上拿取腰条，随即将左手的钞票捆上，扎好小把；在右手放钞票的同时，左手去取另一把钞票，以此类推，连续完成。再如：在运用多指多张点钞法时，每次捻动的张数要一致，不要忽多忽少，以免计数不准。另外，在整点过程中注意减少不必要的小动作，如蘸水次数过多、墩票时间过长等，这些都会影响动作连贯，以致影响工作效率。

二、手工点钞的方法

对于手工点钞，根据持票姿势不同，又可划分为手按式点钞方法和手持式点钞方法。手按式点钞方法，是将钞票放在台面上操作；手持式点钞方法是在手按式点钞方法的基础上发展而来的，其速度远比手按式点钞方法快，因此，手持式点钞方法应用比较普遍。其根据指法不同又可分为单指单张点钞法、单指多张点钞法、多指多张点钞法、扇面式点钞法四种。

(一)手持式单指单张点钞法

手持式单指单张点钞法就是在清点纸币时左手持钞，右手拇指一次捻动一张钞票，逐张清点的方法。这种方法是点钞中最基本也是最常用的一种方法，使用范围较广，频率较高，适用于收款、付款和整点各种新旧大小钞票。这种点钞方法的优点是由于持票面小，能看到票面的 3/4，容易发现假钞票及残破票，便于挑剔损伤券；缺点是点一张记一个数，劳动强度较大，比较费时费力。具体操作方法如下。

1. 持钞与拆把

坐姿端正，左手手心朝向，中指和无名指分开，把钞票夹在中指和无名指之间，钞票左端尽量靠近手指根部，中指、无名指和小指同时弯曲，夹住钞票，左手腕向外转动，同时食指向前伸用力勾断腰条。食指伸向钞票外侧，拇指按在钞票内侧将钞票向上翻推，顺势将钞票捻成向上微开的扇面形，如图 5-1 所示。

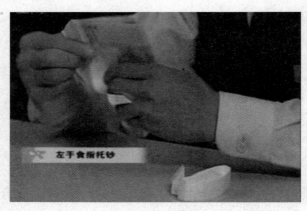

图 5-1　持钞背面

同时，右手拇指、食指、中指蘸水做点钞准备。钞票自然直立与桌面基本垂直，如图 5-2 所示。

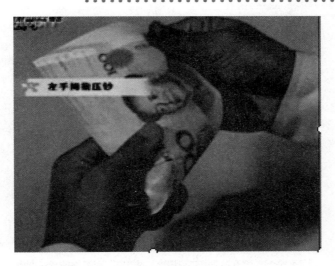

图 5-2 持钞正面

2. 清点

拆把后，左手持钞并形成小扇面，右手食指托住钞票背面右上角，用拇指尖逐张向下捻动钞票右上角，捻动幅度要小，不要抬得过高，要轻捻，如图 5-3 所示。

图 5-3 形成小扇面

食指在钞票背面的右端配合拇指捻动，左手拇指按捏钞票不要过紧，要配合右手，起自然助推的作用，如图 5-4 所示。

右手的无名指将捻起的钞票向怀里弹，拇指捻动一张，如图 5-5 所示。

无名指弹拨一张，如图 5-6 所示，要注意轻点快弹。

中指翘起蘸水备用，并轻轻附着钞票背面或缩回离开票面，注意不要妨碍无名指的动作；左手拇指随着点钞的进度，逐步向后移动，食指向前推移钞票，以便加快钞票下落速度。在捻点过程中，如果右手拇指蘸的水用完发滑，可向中指稍蘸一下即可点完 100 张。

图 5-4　左手拇指轻捏、食指轻托

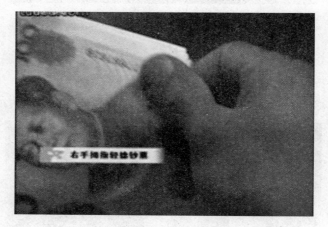

图 5-5　右手拇指轻捻

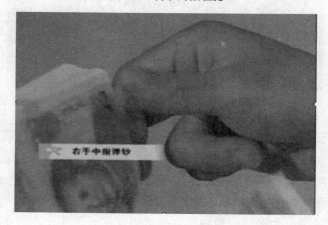

图 5-6　右手中指轻弹

3. 计数

　　计数与整点同时进行。在点钞速度快的情况下，往往由于计数迟缓而影响点钞的效率，因此计数应该采用分组用心计数法，每捻动一张计一个数。计数时要默记，不要念出声，做到脑、眼、手密切配合,既准又快。把10作1计,即1、2、3、4、5、6、7、8、9、1(即10)、1、2、3、4、5、6、7、8、9、2(即20),以此类推。数到1、2、3、4、5、6、7、8、9、10(即 100)。采用这种计数法既简单又快捷,将两个数字变成一个数字,每点百张可节约记忆80多个字节,而且计数的速度与整点的速度相协调,不容易产生差错,可谓省脑、省力又容易计算。

4. 墩齐

点完100张后,左手拇指与食指和中指之间捏住钞票,无名指、小指伸向钞票的背面,使钞票正面朝向身体横执在桌面上,左右手松拢墩齐,再将钞票竖起墩齐,使钞票四端整齐,然后左手持票做扎把准备。

单指单张点钞中容易出现的错误动作,如图5-7~图5-10所示。

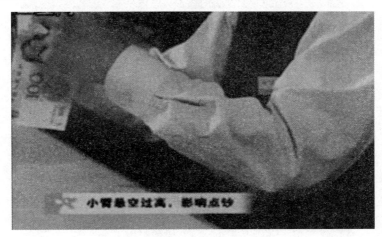

图 5-7　小臂悬空

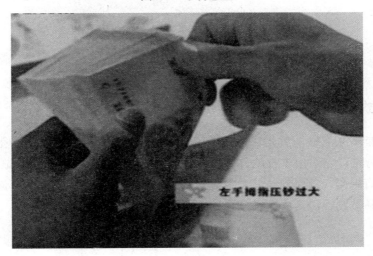

图 5-8　左手拇指压钞过大

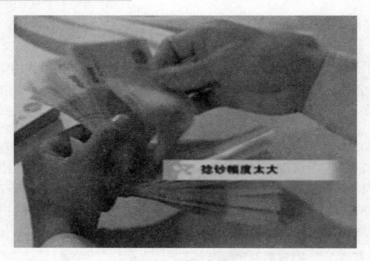

图 5-9　捻钞幅度大

图 5-10　捻钞幅度小

(二)手持式单指多张点钞法

手持式单指多张点钞法就是在清点纸币时，使用右手拇指一次捻动两张或两张以上钞票进行点数的方法。它适用于收款、付款和各种券别的整点工作。点钞时记数简单、省力，效率高。但也有缺点，就是在一指捻几张时，由于不能看到中间几张的全部票面，所以假钞和残破票不易被发现。具体操作方法如下。

1. 持票

持票方法同单指单张点钞法。

2. 清点

清点时，右手食指放在钞票背面右上角，拇指肚放在正面右上角，拇指尖超出票面，用拇指肚先捻钞。使用单指双张点钞法时，拇指肚先捻第一张，拇指尖捻第二张，如图5-11所示。

使用单指多张点钞法时，拇指用力要均衡，捻的幅度不要太大，食指、中指在票后面配合捻动，拇指捻张，无名指向怀里弹。在右手拇指往下捻动的同时，左手拇指稍抬，使票面拱起，从侧边分层错开，便于看清张数，左手拇指往下拨钞票，右手拇指抬起让钞票下落，左手拇指在拨钞的同时下按其余钞票，左右两手拇指一起一落协调动作，如此循环，直至点完。

图 5-11　拇指肚捻第一张，拇指尖捻第二张

3. 记数

记数采用分组记数法。如：点双数，两张为一组记一个数，50组就是100张。

(三)手持式多指多张点钞法

手持式多指多张点钞法是指点钞时用小指、无名指、中指、食指依次捻下一张钞票，一次清点四张钞票的方法，也叫四指四张点钞法或四指拨动点钞法。这种点钞法适用于收款、付款和整点工作，不仅省力、省脑，而且效率高，能够逐张识别假钞票和挑出残破钞票。具体操作方法如下。

1. 持票

用左手持钞，中指在前，食指、无名指、小指在后，将钞票夹紧，四指同时弯曲将钞票轻压成瓦形，拇指在钞票的右上角外面，将钞票推成小扇面，如图5-12所示。然后手腕向里转，使钞票的右里角抬起，右手五指准备清点。

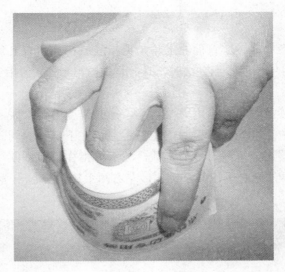

图 5-12　持钞

2. 清点

右手腕抬起，拇指贴在钞票的右里角，其余四指同时弯曲并拢，从小指开始每指捻动一张钞票，依次下滑四个手指，每一次下滑动作捻下四张钞票，如图 5-13 所示，循环操作，直至点完 100 张。

图 5-13　捻 4 张钞票

3. 记数

采用分组记数法。每次点四张为一组，记满 25 组为 100 张。

(四)扇面式点钞法

把钞票捻成扇面状进行清点的方法叫扇面式点钞法。这种点钞方法速度快，是手工点钞中效率最高的一种。但它只适合清点新票币，不适于清点新、旧、破混合钞票。具体操作方法如下。

1. 持钞

钞票竖拿，左手拇指在票前下部票面约 1/4 处。食指、中指在票后同拇指一起捏住钞票，无名指和小指蜷向手心。右手拇指在左手拇指的上端，如图 5-14 所示。

图 5-14　持钞

用虎口从右侧卡住钞票成瓦形，食指、中指、无名指、小指均横在钞票背面，用拇指勾掉钞票上的腰条做开扇准备。

2. 开扇

开扇是扇面式点钞的一个重要环节，扇面要开得均匀，为点数打好基础。开扇方法有两种：一次性开扇和推动式开扇。

(1) 一次性开扇。一次性开扇要求左右手动作的配合一定要协调。开扇时以持票的左手为轴，握住轴心，右手虎口卡住钞票右侧，拇指在前，其他四指在钞票后面，再用手腕把钞票压弯，从右侧向左侧稍用力往胸前方向转过，同时向外甩动，这时左手拇指与食指原地不动从右向左捻动，左手捻、右手甩，同时进行，如图 5-15 所示。在甩动时，轴心要放松，使扇面一次甩开，开扇要均匀，不重叠。

图 5-15　开扇

(2) 推动式开扇。以左手为轴，右手食指将钞票向胸前左下方压，然后再猛向右方闪动，同时右手拇指在票前向左上方推动钞票，食指、中指在票后面用力向右捻动，左手指在钞票原位置逆时针方向画弧捻动，然后食指、中指在票后用力向左上方捻动，右手拇指逐步向下移动，至右下角时即可将钞票推成扇面形。如有不均匀的地方，可双手持钞抖动，使其均匀。打扇面时，左右两手一定要配合协调，不要将钞票捏得过紧，如果点数时采取一按 10 张的方法，扇面要开小些，便于点清。

3. 点数

左手持扇面，右手中指、无名指、小指托住钞票背面，拇指在钞票右上角 1 厘米处，一次按下 5 张或 10 张；按下后用食指压住，拇指继续向前按第二次，以此类推，同时左手应随右手点数速度向内转动扇面，以迎合右手按动，直到点完 100 张为止，如图 5-16 所示。这种方法是拇指单指前进，也可采用拇指、食指两指交替前进的方法。

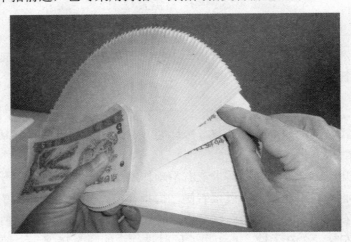

图 5-16　点数

4. 记数

记数采用分组记数法。一次按 5 张为一组，记满 20 组为 100 张，或一次按 10 张为一组，记满 10 组为 100 张。

5. 合扇

清点完毕合扇时，将左手向右倒，右手托住钞票右侧向左合拢，左右手指向中间一起用力，使钞票竖立在桌面上，两手松拢轻墩，把钞票墩齐，准备扎把。点钞完毕后需要对所点钞票进行扎把，通常是 100 张捆扎成一把。

三、钞票的捆扎方法

(一)缠绕式

临柜收款时采用此种方法，需使用牛皮纸腰条，其具体操作方法如下。

(1) 将点过的钞票 100 张墩齐。

(2) 左手从长的方向拦腰握着钞票，使之成为瓦状(瓦状的幅度影响扎钞的松紧，在捆扎中幅度不能变)。

(3) 右手握着腰条头，将其从钞票的长方向夹住钞票的中间，如图 5-17 所示。

图 5-17 缠绕式捆扎

(4) 从凹面开始缠绕钞票，如图 5-18 所示。

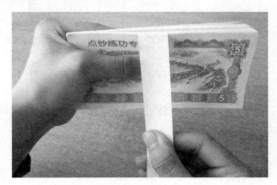

图 5-18 从凹面开始缠绕

(5) 缠绕两圈后，如图 5-19 所示。

图 5-19 缠绕两圈

（6）将腰条向左折叠90°即可，如图5-20所示。

图5-20 向左折叠90°

（7）整理钞票，如图5-21所示。

图5-21 整理钞票

(二)扭结式

考核、比赛时采用此种方法，需使用绵纸腰条，其具体操作方法如下。

（1）将点过的钞票100张墩齐。

（2）左手握钞，使之成为瓦状。

（3）用手将腰条从钞票凸面放置，将两腰条头绕到凹面，左手食指、拇指分别按住腰条与钞票厚度交界处。

（4）右手拇指、食指夹住其中一端腰条头，中指、无名指夹住另一端腰条头，并合在一起，右手顺时针转180°，左手逆时针转180°，将拇指和食指夹住的那一头从腰条与钞票之间绕过、打结，如图5-22所示。

图5-22 扭结式捆扎

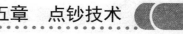

(5) 整理钞票。

四、手工点钞的达标训练

中国工商银行总行根据银行实际确定行级技术标准，要求单指单张点钞时数 15 000 张，多指多张点钞时数 24 000 张，扇面式点钞时数 26 000 张。针对财经类专业的在校学生，可以参考以下标准来练习，如表 5-1 所示。

表 5-1　点钞技能量化标准参考

点钞方法	等　级	3 分钟张数	100 张所用时间
单指单张	一	700 张以上	22 秒以内
	二	600～699 张	24 秒以内
	三	500～599 张	26 秒以内
扇面式	一	1 000 张以上	16 秒以内
	二	800～999 张	20 秒以内
	三	700～799 张	22 秒以内
多指多张	一	1 000 张以上	17 秒以内
	二	800～999 张	20 秒以内
	三	700～799 张	22 秒以内

第三节　机器点钞方法

机器点钞就是使用点钞机整点钞票以代替手工整点。使用机器点钞可以将金融、财会人员从繁重的劳动中解脱出来，既节省劳动力，又节省工作时间。机器点钞的工作效率高，每小时清点 3 万～4 万张钞票。机器点钞现已成为金融、财会行业的主要点钞方法。

一、点钞机的功能

点钞机既可点钞计数，又能鉴伪。点钞机共有四种鉴伪功能，包括：采用荧光鉴伪、磁性鉴伪(10 元以下钞票不含磁性油墨，不能打开磁性鉴伪功能，否则会造成误报停机)、光谱鉴伪(机器能自动识别钞票面额，例如，新旧版 100 元混点、新旧版 50 元混点及不同面额钞票混点时，此功能可点任何面额的钞票)、红外鉴伪。可检测假币和夹版钞票，用户可按点钞的要求选择功能和调整鉴伪灵敏度。

二、点钞机的组成部分

(一)捻钞部分

由下钞斗和捻钞轮组成，其功能是将钞券均匀地捻下送入传送带。捻钞是否均匀，计数是否准确，其关键在于下钞斗下端一组螺丝的松紧程度，点钞前必须先调节好螺丝，保证下钞斗的松紧程度合适。

(二)计数部分

由光电管、灯泡、计数器和数码组成，捻钞轮捻出的每张钞券通过光电管及灯泡后，由计数器记忆并将光电信号轮换到数码管上显示出来。数码管显示的数字，即捻钞张数。

(三)传送整钞部分

由传送带、接钞台组成。传送带的功能是传送钞券并拉开钞券之间的距离，加大票币审视面，以便及时发现损伤券和假币。接钞台是将落下的钞券堆放整齐，为扎把做好准备。

三、点钞前的准备工作

(一)放置好点钞机

点钞机一般放在点钞员正前方的桌面上，离胸前约30厘米。临柜收付款时也可将点钞机放在点钞桌肚内，桌子台面用玻璃板，以便看清数字和机器运转情况。

(二)放置好钞券和工具

机器点钞是连续作业，且速度相当快，因此清点的钞券和操作的用具摆放位置必须固定，这样才能做到忙而不乱。一般未点的钞券放在机器右侧，按票面金额大小顺序排列，或从大到小，或从小到大，切不可大小夹杂排列；经复点的钞券放在机器左侧；腰条纸应横放在点钞机前面即靠点钞员胸前的那一侧，其他各种用具的放置要适当、顺手。

(三)试机

1. 检查各机件是否完好

打开电源后，检查捻钞轮、传送带、接钞台运行是否正常，灯泡、数码管显示是否正常，如荧光数码显示不是"00"，那么按"ON"键，使其复位"00"。

2. 调试钞斗

调试螺母的松紧度，通常以壹元券为准，调到不松、不紧、不夹、不阻塞为宜。调试时，右手持一张壹元券放入下钞斗，捻钞轮将券一捻住，马上用力抽出，以捻得动、抽得出为宜。调整好点钞机后，还应拿一把钞券试试，看看机器转速是否适当，下钞是否流畅、均匀，点钞是否准确，落钞是否整齐。若传送带上钞券排列不均匀，说明下钞速度不均，要检查原因或调节下钞斗底的螺丝；若出现不整齐、票面歪斜的现象，说明下钞斗与两边的捻钞轮相距不均匀，往往造成距离近的一边下钞慢，钞券一端向送钞台倾斜，此时应将下钞斗两边的螺丝进行微调，直到调好为止。

四、点钞机的操作程序

点钞机的操作程序与手工点钞操作程序基本相同。

(一)持票拆把

用右手从机器右侧拿起钞券并横执，右手拇指与中指、无名指、小指分别捏住钞券两侧，拇指在里侧，其余三指在外侧，将钞券横捏成瓦形，中指在中间自然弯曲。然后用左手将腰条纸抽出，右手将钞券速移到下钞斗上面，同时用右手拇指和食指捏住钞券上侧，小指、无名指、小指松开，使钞券弹回原处并自然形成微扇面，这样即可将钞券放入下钞斗。

(二)点数

将钞券放入下钞斗，不要用力。钞券经下钞斗通过捻钞轮自然下滑到传送带，落到接钞台。下钞时，点钞员的眼睛要注意传送带上的钞券面额，看钞券中是否夹有其他票券、损伤券、假钞等，同时要观察数码显示情况。拆下的封条纸先放在桌子一边不要丢掉，以便查错用。

(三)计数

当下钞斗和传送带上的钞券由上至下落下完毕时，要查看数码显示是否为"100"。如显示的数字不为"100"，必须复点。在复点前应先将数码显示置于"00"状态并保管好原把腰条纸。如经复点仍是原数，又无其他不正常因素，说明该把钞券张数有误，应将钞券连同原腰条纸一起用新的腰条纸扎好，并在新的腰条纸上写上差错张数，另作处理。一把点完，计数为百张，即可扎把。扎把时，左手拇指在钞券上面，手掌向上，将钞券从接钞台里拿出，把钞券墩齐后进行扎把。

(四)盖章

复点完全部钞券后，点钞员要逐把盖好名章。盖章时要做到先轻后重，整齐、清晰。由于机器点钞速度快，两手动作需协调，各个环节要紧凑，下钞、拿钞、扎把等动作要连贯。当右手将一把钞券放入下钞斗后，马上拆开第二把准备下钞，眼睛注意观察传送带上的钞券。当传送带上最后一张钞券落到接钞台后，左手迅速将钞券拿出；同时右手将第二把钞券放入下钞斗，然后对第一把钞券进行扎把。扎把时眼睛仍应注意观察传送带上的钞券。当左手将第一把钞券放在机器左侧的同时，右手从机器右侧拿起第三把钞券做好下钞准备，左手顺势抹掉第三把的腰条纸后，迅速从接钞台上取出第二把钞券进行扎把。这样顺序操作，直至点完所有的钞券。

(五)机器点钞的操作技巧

掌握机器点钞的要领，可熟记下列口诀：

认真操作争分秒，左右连贯用技巧；

右手投下欲点票，左手拿出捻毕钞；

两眼查看票面跑，余光扫过计数表；

顺序操作莫慌乱，环节动作要减少；

原钞腰条必须换，快速扎把应做到；

维修保养经常搞，正常运转功效高。

练 习 题

(1) 练习手持式单指单张点钞法。

要求：点钞姿势和动作要正确，点钞结果准确，捆扎结实，点钞结果书写正确。每把钞票连点带捆时间控制在 40 秒之内。

(2) 练习手持式单指多张点钞法。

要求：同练习(1)。每把钞票连点带捆时间控制在 30 秒之内。

(3) 练习手持式多指多张点钞法。

要求：同练习(1)。每把钞票连点带捆时间控制在 25 秒之内。

(4) 练习扇面式点钞法。

要求：同练习(1)。每把钞票连点带捆时间控制在 20 秒之内。

第六章 数字录入的操作

【学习目标】

了解计算机键盘的构成、功能；熟悉键盘上数字小键盘的操作要领，掌握准确的指法，提高数字打字的速度；掌握电子计算器的使用方法。

第一节 计算机键盘的操作

键盘是计算机中最常用的输入设备之一，其主要功能是把文字信息和控制信息输入到计算机，包括文字信息和数字信息的输入。

一、计算机键盘的分区

计算机的操作是金融、财会人员必备的技能。而输入的速度和准确性如何，直接影响工作效率和效果。在使用计算机之前应首先认识键盘，了解按键的分布情况，掌握其基本操作，标准键盘主要包括 5 个区域，如图 6-1 所示。

(1) 功能键区：不同的操作系统或软件具有不同的功能。

(2) 状态指示区：包括大小写状态、数字键盘区状态等。

(3) 主键盘区：用于数字输入、文字输入以及常用的标点符号输入。

(4) 编辑键区：主要具备光标控制、文本编辑功能。

(5) 辅助键区(或称数字小键盘)：用于专用数字输入或作为编辑键使用，可切换。

图 6-1 计算机键盘分区

二、计算机操作的坐姿

打字开始前一定要端正坐姿，如果姿势不正确，不但会影响打字速度，还容易导致身体疲劳，时间长了还会对身体造成伤害。练习打字时应注意以下事项。

(1) 坐姿要端正，上身保持笔直，全身自然放松。

(2) 座位高度适中，手指自然弯曲成弧形，两肘轻贴于身体两侧，与两前臂成直线。

(3) 手腕悬起，手指指肚要轻轻放在字键的正中面上，两手拇指悬空放在空格键上。此时的手腕和手掌都不能触及键盘或机桌的任何部位。

(4) 眼睛看着稿件，不要看键盘，身体其他部位不要接触工作台和键盘。

(5) 击键要迅速，节奏要均匀，利用手指的弹性轻轻地击打字键。

(6) 击打完毕，手指应迅速缩回原键盘规定的键位上。

第二节　数字小键盘的操作

数字小键盘也叫计算机小键盘。数字小键盘位于键盘的最右端，主要用于数字、符号的快速录入及财经专业传票录入等。小键盘中共有 17 个键位，包括数字操作键 0～9，小数点键，数学运算符号键：加(+)、减(−)、乘(×)、除(/)，Enter(回车)键和 NumLock 键(数字锁定键)。数字小键盘在银行、商场、超市广泛应用，数字小键盘输入是银行职员、财会人员、收银员必备的基本技能。

一、数字小键盘操作要领

数字小键盘各个键的分布紧凑、合理，适合单手操作。在录入内容为纯数字符号的文本时，使用数字小键盘比使用主键盘更为方便，输入速度也更快。初学者必须掌握数字小键盘的操作要领，养成良好的操作习惯，一方面可以降低对身体健康的危害，另一方面也可以提高录入速度。

1. 桌椅要求

应配备专门的电脑桌椅。电脑桌的高度以到达人站起来的臀部水平线为准，电脑椅最好是可以调节高度的转椅。

2. 坐姿要求

双腿平放于桌下，身体微向前倾，与小键盘的距离为 15～25cm。背部与转椅椅面垂直，并贴住靠椅背，身体与数字键盘垂直。

3. 对眼睛的要求

眼睛的高度应略高于显示器 15°左右，眼睛与显示器的距离为 30～50cm。

4. 对肘和腕的要求

右上臂自然下垂，右肘可以轻贴腋边，指腕不要压键盘右缘，右下臂和右手腕略微向上倾，与小键盘保持相同的斜度，右肘部与台面大致平行。右手手指保持弯曲，形成勺状放于键盘上，轻轻按在与各手指相关的基本键位上。将录入的数据原稿平放于小键盘左侧，注意力集中在原稿上，左手食指指向要输入的数据，右手凭借触觉和指法规则击键，此间严禁偷看小键盘。

二、数字小键盘指法

数字小键盘区和计算机主键盘区一样，也存在基准键位和原点键。小键盘区的基准键位是 4、5、6 共 3 个键，其指法分工每个手指除了指定的基本键外，还分工有其他的字键，称为范围键。右手食指负责击打 1、4、7 共 3 个键；中指负责击打 2、5、8、/共 4 个键；无名指负责击打 3、6、9、* 4 个键；小指负责击打 Enter、+、-共 3 个键，大拇指负责击打 0 键，如图 6-2 所示。

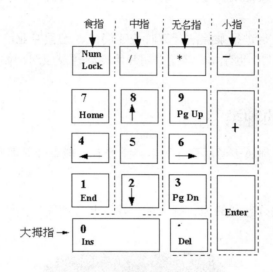

图 6-2 数字小键盘指法

将右手的食指、中指、无名指依次按顺序放在 4、5、6 共 3 个基准键位上，以确定手在键盘上的位置和击键时相应手指的出发位置。原点键也称盲打定位键，在小键盘基准键区中间位置的 5 键上有一个凸起的短横条(有些键盘上为小圆点)，这个键就是小键盘盲打定位键，可用右手指触摸相应的横条标志，使右手各手指归位。

三、数字小键盘指法练习技巧

使用数字小键盘录入数字时，需要掌握以下几个技巧。

(1) 通过划分，整个小键盘手指分工明确，右手手指放在基本键上，击打任何键时，只需将手指从基准键位移到相应的键上，正确输入后迅速返回原位。

(2) 食指击键时应注意键位角度。

(3) 小指击键的力量应保持均匀。

(4) 数字键采用跳跃式击键法。

第三节　电子计算器的操作

20 世纪 70 年代，随着微处理器的出现，诞生了电子计算器。电子计算器作为一种先进和专业的计算工具，凭借其价格低廉、携带方便、计算迅速准确、功能强大的特点，已经在现代经济工作和人们日常生活中得到了广泛的应用。

一、电子计算器的优点

电子计算器的计算处理功能已经远远超过了以往的任何一种计算工具，成为各行业不可或缺的计算工具。

计算器的主要优点是进行乘除法计算时快速简捷、无须专业培训或练习。财务用的桌面型电子计算器大约从 20 世纪 80 年代中期开始逐渐普及应用，如今在各种数据计算应用中广为流行。

二、电子计算器的种类

常见的电子计算器都属于通用型计算器，主要有一般型计算器和函数型计算器两种。

1. 一般型计算器

一般型计算器能进行普通的加、减、乘、除、开方和简单的统计运算，也称为算术型计算器，如图 6-3 所示。

图 6-3　一般型计算器

2. 函数型计算器

函数型计算器除了具有一般型计算器的功能，还增加了对初等函数、排列、组合、概率、统计等计算功能，其内部由集成电路构成，如图 6-4 所示。

图 6-4　函数型计算器

三、一般型计算器的功能

从电子计算器的外部看，两者大部分的键位、名称基本相似，功能基本一样。下面以一般型计算器为例介绍其外部结构及各键功能。

(一)电源开关

1. 开启键"ON"

其功能是接通电源，按下此键后，显示屏显示出"0"，等待操作者使用。

2. 关闭键"OFF"

其功能是切断电源，按下此键后，关闭电源，显示屏关闭。

(二)显示屏(器)

显示屏在计算器的上方，一般为液晶显示，用于显示录入的数据、计算公式、标记符号和运算结果，它说明计算器当前的工作状态和性质。由于各种功能融为一体，在显示屏上除了显示各种数据和各种运算结果外，还显示有关各种符号所表示的状态记号。

(三)输入键

用于输入各种数字符号，它是计算器上主要的键，包括以下 3 个组成部分。

1. 数字键

0、1、2、3、4、5、6、7、8、9，用来输入计算时需要的数字，输入顺序是从高位到低位依次输入，每按一键，输入一位数。

2. 小数点键 ". "

用来输入小数。

3. 符号键 "+/−"

用来输入数字的符号，使输入的数字改变正负。如输入负数时，先输入数字的绝对值，再按符号键即可。

(四)运算键

运算键是进行加、减、乘、除算术四则运算的按键。

1. 加法键 "+"

进行基本加法和连加的运算。

2. 减法键 "−"

进行基本减法和连减的运算。

3. 乘法键 "×"

进行基本乘法和连乘的运算。

4. 除法键 "÷"

进行基本除法和连除的运算。

5. 等号键 "="

在两项数字相加、相减、相乘、相除或进行其他运算后按此键，可得出计算结果。

注意: 加、减、乘、除键在计算时都可能代替等号键。

6. 开平方键 "/−"

用来进行开平方的运算。先输入数字，再按下此键即可得到结果，不必按等号键。

(五)累计显示键

累计显示键主要包括累加键 "M+" 和累减键 "M−"。其功能是将输入的数或中间计算结果进行累加、累减，即将输入的数字、中间结果存入存储器，然后与存储器中原有的数字相加或从原存储器中减去。

(六)清除键

1. 总清除键 "AC" "ON"

作用是将显示屏显示的数字全部清除。

2. 部分清除键(更正键) "CE"

其功能是清除当前输入的数字，而不清除以前输入的数字。如刚输入的数字有误，立即按此键，可消去刚才输入的数字，待输入正确的数字后，原运算可继续进行。值得注意的是，在输入数字之后，按+、−、×、÷键的，再按 "CE" 键，数字就不能清除了。

(七)存储读出键

1. 存储读出键 "MR"

按下此键后，可使存储的数字显示出来或同时参加运算，数字仍存在存储器中。

2. 存储读出和清除键 "MC"

按一次显示存储数，按第二次清除存储数。

四、一般型计算器的操作方法

(一)操作前的准备工作

在使用计算器前，首先要清楚使用的计算器的类型。对于不熟悉的计算器，要仔细阅读说明书，掌握其功能、符号及操作方法。再将计算器平稳地放置在桌面上，按键动作要稳、准、轻，按键不要太猛或者太快，应该一次只按一个键，不要久按一个键不放，以防止计算器按键的损坏和数据的丢失。某些计算器按照法则运算，即可自己按照数的运算规则进行运算；另外一些则是按照顺序运算，即按照输入的数据和符号的顺序进行运算，其运算结果与按照法则运算完全不同。目前从市场购买的计算器多数是按顺序运算的计算器。一般型计算器遵循的运算顺序是先括号内，再乘除，最后加减。对复杂的算式在计算前要进行分析，按照算术运算法则，应考虑将先要得出结果的部分输入，得出结果后再进行下一部分运算；有时也可以依据代数原理去括号后再运算；有时还可以分段运算。在运算中要充分利用计算器的存储功能进行操作。

(二)使用计算器进行四则运算的步骤

(1) 先按键输入第一个参与计算的数据，注意一定是从高位按起，如 489，要按 4、8、9 的顺序输入。

(2) 按运算符号键：+、−、×或÷。

(3) 输入第二组参与计算的数据。

(4) 按等号键，出现结果。

(5) 两步运算的，如果第一步结果可直接参与第二步运算，可以接着按运算符号键进入下一步计算，如果第二步运算不能再接着参与运算，如 765÷(57−35)，可先记录第一步的结果，然后重新按以上程序进行计算。

(6) 计算完毕，按"OFF"键关闭计算器。

练 习 题

(1) 对数字小键盘基准键和原点键数字进行录入练习。

(2) 通过"金山打字""数字小键盘练习"等软件练习数字的盲打速度，要求在准确率100%的前提下，逐步让盲打速度达到 160～180 字每分钟。

第七章　电子收款机的操作

【学习目标】

　　掌握电子收款机的结构及类型，明确各组成部分的功能，熟悉操作规程，了解工作流程，明确电子收款机在工作中的优势。

第一节　电子收款机概述

一、电子收款机的起源

　　电子收款机是管理收入的必备工具，它摒除了手工收款的种种作弊行为。随着现代管理的发展，电子收款机已成为企业科学管理的必备工具。世界上最早的电子收款机是在1879年由美国的詹敏斯·利迪和约翰·利迪兄弟制造，其功能是实现营业记录备忘和监督雇用人员的不轨行为。电子收款机的发明具有划时代的意义，成为在商业销售中进行劳务管理、会计管理、税款征收、商品管理的有效工具和手段。

二、电子收款机的发展

(一)第一类收款机

　　第一类收款机是指只能单机使用，管理少量商品单品但不可以联网的收款机。这一类收款机的品种繁多，性能基本上相同，且价格相对较低。此类收款机的处理程序固定在收款机内不可改变，收款机只能提供简单的统计报告，由于数据存储区较小，所以数据的保留不可能是无限期的，需要定期清除。

　　此类收款机操作简单，易于维护，一般人员稍加培训即可掌握使用方法，价格低廉，是代替手工结算的有力工具。

(二)第二类收款机

　　第二类收款机可以单机运行，管理一定数量的商品单品也能够联网，还可以连接简单的外设，如条码扫描设备等。此类收款机的品种也较多，价格和性能上有一些差异，个别收款机可以打印汉字。收款机的处理程序固定在收款机内不可改变，收款统计报告既能从收款机上得到，也可以从联网的计算机上得到。与第一类机相比，第二类机在功能上有了显著的提高。单品管理的数量大大增加，一般在2 000～30 000个。除了可打印销售金额等简单的报表之外，二类机还可以提供各种类型的统计报表，如：商品库存报表可以统计单个商品在某一时点的库存数量；毛利统计报表可以统计单品的毛利率；收款员报表可以统计某收款员每日、每周、每月、每年的销售信息。这些报表为商业企业提供了更为完善的管理手段。

(三)第三类收款机

第三类收款机亦称 POBASE 型收款机，生产时采用国际规范，标准化程度高。硬件能很好地支撑系统软件和满足各种需要的应用软件，特别是可运用较为成熟的汉字系统，实现国标字库的汉字输入、显示、打印等。此类收款机既有计算机的通用接口，可以连接多种网络，又有适用于商业环境的专用接口，如磁卡阅读器、钱箱、条形码阅读器外设接口，还具有针对商业环境的专用键盘，且每个按键都可重新定义。其抗干扰能力、耐用性等远高于通用计算机。

在当前的中国市场，第一类机有着广泛的需求，主要原因在于：首先，商业收款机作为现代化的商业设备，是对传统商业运作模式的革新。人们接受新事物的程度是有限的、渐进的，对于能够取代手工收款、操作简便的第一类机，用户最容易接受。其次，受起步资金的限制，价格成为选型的主要因素。第一类机价位较低，具有价格优势。最后因第一类机操作简单，一般人稍加培训即可操作和维护，符合目前商业单位的人员素质现状。

三、电子收款机的优点

1. 收款迅速、正确

收银员将顾客购买信息录入之后，收款机作出快速的响应，正确地计算出该笔交易额并显示出应收钱、实收钱、找钱等信息，减少了收银员对交易额的计算时间，提高了收银速度，特别是商品条形码技术的应用使收银速度大大提高，减少了单笔交易时间，提高了经营效率，方便了顾客。

2. 支持多种付款方式

电子收款机支持顾客的现金支付方式，同时支持支票、信用卡、外币、礼券、提货单等付款方式。甚至在同一笔交易中，顾客可以采用多种方式支付款项，极大地满足了顾客不同层次的需求。

3. 统计业绩，为管理服务

电子收款机能记录收银员在营业中的销售业绩及顾客的购物信息，并能打印多种形式的报表，直接为管理服务，为决策者提供客观依据。

4. 结账精确，杜绝舞弊

电子收款机的应用，使企业的钱、物受到严格的控制，缩短了结账时间，提高了收款的正确性和精确度。

第二节 电子收款机的功能

一、电子收款机的构成

电子收款机主要由电子器件和机械部件构成，有 7 个组成部分，如图 7-1 所示。

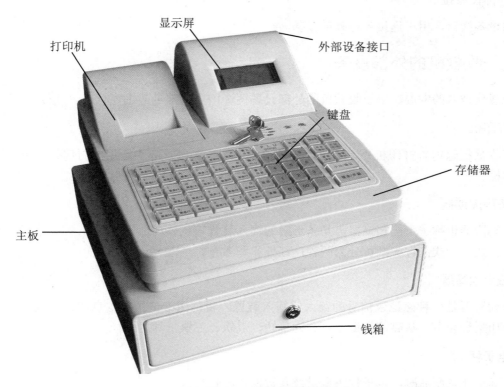

图 7-1 电子收款机的构成

1. 主板

主板，是中央数据处理部件。

2. 存储器

存储器，用来存储信息、数据、程序。

3. 键盘

键盘，用来输入各种销售数据。

4. 打印机

打印机，用于打印销售发票和管理存根等。

5. 显示屏

显示屏，用于方便收银员和顾客进行人机对话。

6. 钱箱

钱箱，用于存放现金。

7. 外部设备接口

外部设备接口，用于连接各种外部设备。

二、电子收款机的外部设备

随着现代技术的发展，电子收款机的外部设备逐渐增多，常见的主要有以下几种。

1. 打印机

电子收款机除内置打印机外，还可连接外置打印机，如餐饮业中所用的厨房打印机和票据打印机。

2. 条码阅读器

条码阅读器也称条形码扫描器，是条形码的读入装置。从外观上可分为 4 种：笔式、手持式、台式、卡式；按光源可分为两种：红外光和激光。

3. 磁卡读写器

磁卡读写器是一种磁记录信号的读入或写入装置，将信用卡记录的信息读入收款机。它的种类和型号较多，从磁迹数量上可分为单轨、双轨、三轨三种。

4. 电子秤

现场称重计量商品时，电子秤将重量及其数据传给收款机。

5. 调制解调器

调制解调器即 MODEM，是将收款机的数据通过电话线传给电脑。

6. 后备电源

后备电源即 UPS，用于断电后由电池直接向收款机供电。

7. 通信联网接口

通信联网接口的硬件由一组芯片或卡和物理端口组成，其软件由一组程序组成。

三、电子收款机的功能

1. 收款员管理功能

通过输入收款员编号可以区分每笔交易的操作者，统计各收款员的交易金额。

2. 百分比加价/折价功能

可按百分比加价或折价，用于加收服务费或给予折扣。

3. 时间/日期功能

收款机可设置显示日期和时间。

4. 退货功能

可办理单品、部门退货，也可输入退货金额。

5. 更正、取消功能

可改正登录错误、取消交易。

6. 多种付款功能

支持现金、支票、赊账三种付款方式。

7. 时段统计功能

可统计 24 小时各时段的销售金额。

8. 月销售统计功能

可统计每月每日的销售金额及每月的总销售金额。

9. 计税功能

可在计税、非税两种状态下使用。若设为计税状态，只能通过税务部门控制的权限装置设置计税方法，读取应纳税额。

四、电子收款机各键位的功能

(一)方式锁及钥匙

收款机方式锁有 6 个不同的位置，对应收款机 6 种不同的操作方式。键盘一般有 3 把钥匙，每把钥匙代表不同的使用权限，因此不同的钥匙所能拧到的位置是不同的，注意，当钥匙转到一定位置不能再旋转时，请不要用力旋转以防损坏。

(二)收款机键位说明

电子收款机的键盘上有许多功能键，如表 7-1 所示。

表 7-1 电子收款机的键盘功能

键 名	功 能	键 名	功 能
F1	功能同键盘上 F1	F5	重复打印
赠品	赠品操作键	会员	会员付款键
F1+1	下载基本商品信息	退格	游标前移并删除字符
切换	游标快速切换	回车	确认、游标跳向下一行

键 名	功 能	键 名	功 能
立即更正	删除商品	交易取消	取消某笔交易
Y/N	是/否	开钱箱	无交易开钱箱
清除	删除资料或提示信息	退货	做退货操作
折扣	单品交易给予百分比折扣	折让	单品交易给予金额折让
小计折扣	小计后给予百分比折扣	小计折让	小计后给予金额折让
货号	确定此项录入为货号	数量	交易数目
小计	一笔交易合计总金额	现金	现金交易的金额

第三节　电子收款机的操作

使用电子收款机进行收款，操作方便、办理业务速度快、安全性好、使用便捷、工作效率高。只有正确地掌握其操作流程，才能够更好地发挥电子收款机的优势。

一、电子收款机操作前的准备工作

(1) 确定收款机的电源是否完全接好。

(2) 检查打印机是否有足够的打印纸来打印收据。

(3) 确定后台服务器及集线器(交换机)进入正常工作状态后，按顺序打开收款机电源。

二、电子收款机的操作流程

1. 打开收款机

打开收款机电源，等待机器启动，直到出现"收款员登录"窗口。

2. 收款员登录

收银员输入本人的工号、密码和班次记录。如果工号、密码正确，则可以进入系统，如不正确可重新输入，连续三次输入错误则提示关机，这时应重新启动收款机。

3. 选择主菜单界面

当收银员正确登录后，进入收银系统可看到"销售开票""查询保镖""系统维护""交接班"菜单，按光标上下左右移动，选中一条，按"回车"键即进入该项菜单。

4. 录入交易

收银员在"销售"窗口"货号"栏中输入商品代码(输入方式可采用条码扫描、键盘输入代码等)，如存在此商品信息，则显示该商品的代码、名称、单价；如不存在此商品信息，则不显示该商品的代码、名称、单价。"数量"栏次可输入购买商品的件数，不输入则默认为1。

5. 交易开票

进入"交易开票"后，屏幕右上角显示"应收"金额，在"预付"栏次输入顾客所付的金额，按"回车"键显示"应找"金额，再按"开票"键，完成当前交易。

6. 退货

发生顾客对商品质量不满意或其他需退货的情况时，收银员和收款机必须均有退货权限。具体操作是：输入收银员号和需退商品的编码，按下"回车"键，再按下"－"键，这时在数量栏上会出现"－"符号，输入要退的数量，按下"回车"键，再按下"＋"键，屏幕上出现应退金额。

7. 冲账

冲账，就是对已经做过的交易产生一笔新的交易使之相互冲抵。将已做过的交易冲销时，在"销售"窗口中按下"冲账"，即进入"冲账"窗口，屏幕中间出现"经办人登录"时，选择某一笔交易，再按"开票"键进行冲账。

8. 输入交款单

在主菜单界面"交接班"中选择"交款单输入"，按下"回车"键，即可输入张数、金额、交款单号，确认后按"确认"键退出，同时自动打印交款单。

9. 修改口令

在"销售"窗口中按下"功能"键，出现修改口令框：先输入旧的口令，如果正确就可以输入新的口令；输入新的口令，会提示将新的口令再输一遍。注意，前后口令必须输入一致。

10. 交接班

早班收银员下班时只需将光标移至"收银员登录"，按下"回车"键，输入当班收银员密码，即可退出。下一班人员上岗后按上述程序登录。晚班收银员下班时需将光标移至"安全退出关机"，按下"回车"键，根据提示操作关机即可。

三、电子收款机的日常保养和维护

(一)电子收款机的日常保养

电子收款机每天不停工作，为了保障收款机的正常工作，降低故障的发生率，规范收银操作，现对收银机常见的故障以及简易维护保养方法介绍如下。

(1) 每日早班收银员必须用微湿的布将机身、显示器外壳、键盘擦干净。

(2) 显示器屏幕是液晶屏，不用经常擦。如果擦屏幕，必须用较软的布轻轻地擦。

(3) 严禁在电子收款机上放置任何物品。

(4) 严禁在电子收款机上安装与收银和工作无关的软件，严禁随意删除门店所使用的各种电脑软件、数据等，发现将予以处罚。

(5) 请不要在电子收款机上贴粘纸片。

(6) 严禁在电子收款机周边放置液态物品，以防液体浸入机身。

(7) 当电子收款机不小心浸入液体时，须立即切断电源，通知 IT 部人员处理。

(8) 严禁频繁开启和关闭电子收款机。

(9) 当电子收款机出现故障时，须立即通知 IT 部人员解决，并尽量保护故障现场。

(二)电子收款机的维护

以下为电子收款机常见故障，正常情况下重启可以解决很多故障，如果非电子收款机本身故障，是电源线或电源故障则重启也无法解决，所以碰到问题要对症下药，不要手忙脚乱。

1. 开机时机器无法启动，机器电源灯不亮

(1) 检查排插电源是否有电。检查插座是否有电，可用其他电器检测一下。

(2) 检查电子收款机电源线是否插紧。如因搬动电子收款机或搬动柜台商品碰松电子收款机电源线，如果电源线没插紧，机器将无法启动。

2. 开机时机器启动，机器电源灯亮，屏幕不显示

(1) 检查显示器电源线是否插紧。

(2) 检查显示器数据线是否插紧。显示器数据线在电子收款机后，是一个长方形的接头。

(3) 检查显示器的电源开关是否关掉，如关掉，屏幕右下角的电源灯不亮。

(4) 检查显示器下方的亮度开关是否调到最暗。

3. 打印机不能打印

(1) 检查打印机是否盖好。

(2) 检查打印机状态灯是否亮着。

(3) 检查打印机是否还有小票纸。

4. 收银操作过程中电子收款机死机

造成死机因素很多，如果在收银操作过程中死机，可直接关闭电源再开，重新启动收银，基本上可解决问题。

5. 收银操作速度很慢

因收银软件故障或操作系统原因，可能造成收银操作变慢，弹出窗口或等商品数据出

来要很久(大约 10 秒以上)，这时可退出软件，重新启动电子收款机。如问题还存在，那可能是网络阻塞现象，如局域网内正在拷贝大量数据或服务器在处理数据，这时要稍微等待一段时间。

练　习　题

自己利用休息时间去超市做兼职收银员，掌握收银员不同收款方式的操作流程。

第八章　POS 的操作

【学习目标】

了解 POS 的物理构成及各项功能，掌握 POS 非金融交易流程，熟悉 POS 消费交易操作、POS 预授权类交易操作、POS 预授权撤销交易操作、POS 预授权完成交易操作、POS 预授权完成撤销交易操作的流程。

第一节　POS 概述

一、POS 的定义

POS(Point Of Sales)是"销售点终端机具"的英文简称，是安装在特约商户内，为持卡人提供授权、消费、结算等服务的专用银行电子支付设备。POS 通过通信线路和收单机构或银联中心相连，是实现消费不用现金、将纸币交易转化为电子交易的一种银行专用电子支付设备。

二、POS 通信方式

1. 有线通信方式

通过电话线连接固定电话网络，以电话拨号的通信方式接入收单机构或银联中心，称作有线通信方式，也叫固定 POS，如图 8-1 所示。

图 8-1　固定 POS

2. 无线通信方式

POS 装有 SIM 卡，以无线通信方式接入收单机构或银联中心，称作无线通信方式，也叫移动 POS，如图 8-2 所示。

图 8-2　移动 POS

3. 组网通信方式

通过五类网络线或者无线发射装置组成局域网络，通过网络路由设备连接专用通信网络，以网络通信方式接入收单机构或银联中心，称作组网通信方式。

三、POS 的硬件组成

(一)主机部分

主机用于采集银行卡磁条/IC 芯片数据信息，并与收单机构或银联中心进行数据信息传送和接收，对各类交易进行处理，主机部分包含操作键盘、液晶显示面板、刷卡槽/读卡门、通信插口，其中：操作键盘是收银员在受理银行卡时的主要操作区域；液晶显示面板用于显示 POS 操作信息；刷卡槽用于读取磁条卡信息，读卡口用于读取 IC 卡信息。根据 POS 的功能不同，读卡口属于选配配置；通信插口用于连接外部设备或者通信线路。

(二)密码键盘

交易时用于给持卡人确认交易金额和输入密码的部件，包含液晶屏和数字键盘区，有些新型的密码键盘还配备有刷卡槽/读卡口。

(三)电源适配器

电源适配器也称为变压器，用于将220伏的市电转换为POS各部件适用的直流电或者为POS电池充电。电源适配器分内置式和外置式两种。

(四)打印部分

交易完成后打印签购单的部件。

以上四部分组成一个完整的系统。不同POS产品外形设计风格迥异，有的POS主机部分和密码键盘在一起；有的POS主机部分和打印部分在一起；有的POS是主机部分、密码键盘、打印部分三者合一的一体机；新型的无线POS甚至多个组成部分合而为一。

第二节　POS的功能

POS交易功能根据是否需要与收单机构主机或者银联中心连接分为脱机功能和联机功能。

一、POS的脱机功能

脱机功能指POS在不与收单机构主机或银联中心连接的情况下自身具有的功能。如增加操作员，重新打印单据等，主要功能如下。

1. 查询交易流水功能

该功能可以查询本台POS的交易流水和小计，也可以根据交易流水号或卡号进行查询，收银员根据POS界面的功能菜单，选择"查询流水"，再选择按何种方式(如按凭证号，或按卡号等)进行查询即可。该功能只能查询到POS当批未结算前的交易。

2. 柜员功能

收银员根据POS界面的功能菜单，选择以下功能，并按照POS屏幕上的操作提示进行操作即可。有些重要权限，如增加、删除POS操作员，修改柜员和主管的密码等，需主管用户才有权进行操作。

3. 重打印功能

可重打票据、结算单及全部流水等。

二、POS的联机功能

联机功能是指POS必须与收单机构主机或银联中心连接的情况下才可实现的功能，按照交易类型不同分为金融类交易和非金融类交易两种。金融类交易是指和资金及授权有关的交易，如消费、授权、撤销等交易；非金融类交易是指不涉及资金的交易，如签到、签退等交易。

(一)金融类交易

1. 消费

消费是指持卡人在特约商户消费时用银行卡进行支付的交易。

2. 消费撤销

消费撤销是指在当日消费成功后，持卡人或收银员发现消费金额有误或其他情况(如持卡人要求取消原交易等)，在当日 POS 结算前，需要取消原消费成功的交易。

3. 预授权类交易

(1)　预授权。预授权是指宾馆、酒店类特约商户在预先估计了持卡人的消费金额后，通过 POS 联机取得预授权号码，保证持卡人账户中有足够支付金额的交易。可理解为暂时冻结持卡人账户中预授权数目的金额以做押金，但该金额还在持卡人账户中，在预授权完成(或者结算)时才按实际消费金额划归特约商户。

(2)　预授权撤销。预授权撤销是指预授权操作失误或者其他原因(如改用其他方式进行支付等)需要撤销原预授权的交易。预授权撤销完成后，原预授权金额解冻。

(3)　预授权完成。预授权完成是指预授权交易成功后，持卡人在特约商户(酒店或其他消费场所等)POS 上结账支付时使用原预授权。预授权完成视同消费成功，按持卡人的实际消费金额从其银行卡账户扣款，同时解冻原预授权金额。

(4)　预授权完成撤销。预授权完成撤销是指由于操作失误等原因，收银员对当日的预授权完成交易，在当日 POS 结算前进行撤销，该交易类似于消费撤销。

4. 结算

该功能是每天营业结束或收银员交接班前，收银员必须做的一种交易。POS 通过结算与收单机构或银联中心进行对账处理，并打印交易流水，收银员可根据流水核对 POS 签购单据。当该 POS 做完结算后，称为当日当批交易结束，同时 POS 内该批的交易流水记录将全部清除。

5. 退货

退货是指持卡人在消费当日 POS 结算后，要求取消原消费成功(即退货)而发起的交易。退货交易将已扣持卡人账户余额的消费交易款项全额或部分地退还至持卡人账户。退货交易可分为联机退货交易和手工退货交易。

6. 自动冲正

自动冲正是指由于超时或未收到有效响应包等原因，POS 自动产生对原交易的冲正交易，并在下笔交易之前发送给主机，直到冲正成功。冲正交易由 POS 自动发起，无须收银员进行操作。

(二)非金融类交易

1. 签到

签到是 POS 开机后收银员必须进行的第一项操作,是以联机方式把 POS 注册信息上传给收单机构主机或者银联中心主机,主机再以交易响应的方式把相关信息回传给 POS,POS 完成签到后才能开始交易。

2. 签退

签退是指操作员为结束当前 POS 工作状态,在 POS 交易结算完成后需执行的操作,签退后须重新执行签到,方可进行新的交易处理,有些 POS 也设置为在完成结算后自动签退。

三、POS 操作流程简图

POS 操作流程如图 8-3 所示。

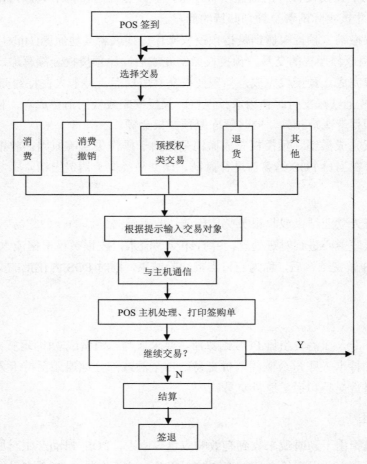

图 8-3　POS 操作流程图

第三节 POS 的非金融交易操作

POS 的非金融交易主要有 POS 签到和 POS 签退两种类型。

一、POS 签到流程

(一)检查 POS 设备情况

1. 检查电源线的连接情况

检查电源开关是否已开，电源线的插头是否接妥，变压器是否接好等。

2. 检查打印纸的安装和使用情况

打印纸的前沿是否和 POS 打印机的锯齿形边沿平齐，打印纸是否满足当日营业需要；是否出现卡纸的现象等。

3. 检查电话线的连接情况

POS 显示"线路繁忙"或者"通信故障"等情况时，要检查电话线和座机的 LINE 接口是否接好，电话线是否被其他设备占用等。

4. 检查 POS 整体情况

要检查 POS 是否处于待签到状态，上一班次 POS 刷卡是否正常，POS 是否被损坏，按键是否正常，提示界面是否正常，是否有外接其他异常设备等。

(二)执行 POS 签到操作

签到是 POS 开机后收银员必须进行的第一项操作，在 POS 界面中选择"签到"功能，根据提示，按照规定步骤操作，直至 POS 显示签到成功，具体流程如下。

(1) 选择"签到"功能。

(2) 输入柜员号，并按"确认"键(部分机型上该键上标注的是 Enter 字样，以下不再赘述)。

(3) 输入柜员密码，并按"确认"键。

(三)执行 POS 签到操作流程图

POS 签到操作流程如图 8-4 所示。

需要说明的是：在实际操作中，许多收单机构将 POS 设置为结算后或开机后自动签到，无须收银员输入密码进行签到操作；或在第一笔交易时同步进行签到处理。从 POS 操作的权限管理和安全操作的角度出发，建议仍使用密码输入的签到操作，以验证操作员的合法性。

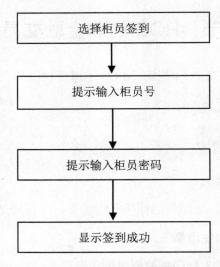

图 8-4 POS 签到操作流程图

二、POS 签退流程

商户营业终了，POS 完成结算后，收银员需对 POS 执行签退操作，在 POS 界面中选择"签退"功能，根据提示，按照规定步骤操作，直至 POS 显示签退成功，具体操作流程如下。

(1) 选择柜员签退。

(2) POS 屏幕显示签退成功。

在实际操作中，许多收单机构将 POS 设置为结算后自动签退。

第四节   POS 的消费及撤销交易操作

一、消费交易

消费交易是指持卡人在特约商户购物、餐饮或其他消费时，用银行卡进行联机支付的交易。消费交易是最常见的 POS 交易，交易金额纳入当日清算，适用于所有的银行卡交易。

(一)消费交易操作

(1) 在 POS 界面选择"消费"功能。

(2) 按提示依次刷卡，刷卡后大部分 POS 屏幕上会出现持卡人的卡号，收银员要核对卡号，防止出现伪造卡。如 POS 屏幕上的卡号与卡面卡号不一致，请勿受理；卡号也有可能被屏蔽，此时核对未屏蔽部分。

(3) 输入消费金额，请持卡人确认。

(4) 请持卡人输入密码，按"确认"键。如信用卡无须密码，可直接按"确认"键。

(5) 交易成功后，POS 自动打印签购单，请持卡人在打印出的 POS 签购单上的签字栏内签名。

(6) 核对 POS 签购单上的签名是否与银行卡背面签名条签名一致；并核对签购单上打印的卡号是否与卡面卡号一致，如卡号被部分屏蔽，则核对未被屏蔽的卡号部分，核对一致后将签购单客户联交持卡人保存。

(二)消费交易流程图

消费交易流程如图 8-5 所示。

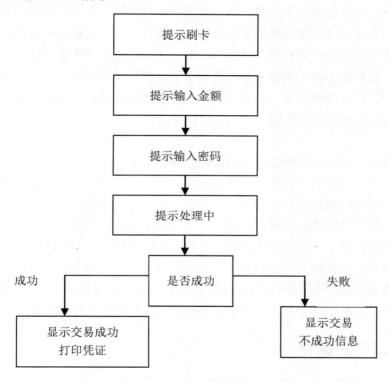

图 8-5　消费交易流程图

二、消费撤销交易

发现当日当批次内(POS 未做结算处理前，是指该收银员从当日 POS 签到至当日 POS 结算为止的整个过程)发生的成功消费交易需要取消时，可发起消费撤销交易。可在需要当日全额退货时使用，也可作为持卡人在场情况下发现消费金额出现错误的后续处理措施，操作流程如下。

(1) 在 POS 界面选择"消费撤销"功能。

(2) 按提示输入主管密码，按"确认"键。

(3) 按提示刷卡。

(4) 查看原消费交易签购单，按提示输入原流水号。

(5) 屏幕显示原交易，收银员确认。

(6) 交易成功，POS 自动打印签购单。收银员将客户联交持卡人，商户联与原消费单据一并妥善保存。

第五节　POS 的预授权类交易操作

一、预授权交易的适应范围

预授权类交易广泛适用于宾馆、酒店类商户，也适用于医院、拍卖、租赁类等需要顾客预付押金的商户。以宾馆为例，客户入住时收银员通过预授权交易冻结持卡人账户一定的额度，客户离店结算时通过预授权完成交易将发生房费和消费金额从持卡人账户扣除。这种方式便于商户在不确定消费金额的情况下需要客户预留押金，客户在押金范围内住店消费，离店一次性支付的需要。这为持卡人提供方便的服务，也为商户应收资金提供了良好的保障。预授权类交易包括预授权、预授权撤销、预授权完成、预授权完成撤销 4 种具体交易。

所有的信用卡和绝大部分借记卡均支持预授权类交易。只要预授权交易成功，便能够保证款项的收回。凡带有"银联"标识的卡片，无论是借记卡或是信用卡交易，也不论是大银行、小银行或任何地方性银行发行的银联卡，预授权交易均具有同样的收款保证，商户无须与所有发卡机构签订协议。收银员应受理持卡人进行预授权交易的要求。如收银员不确定持卡人所持借记卡是否支持预授权交易，应在 POS 上进行试刷，只要预授权交易成功打单，即表明发卡机构已承诺付款，收单机构会按银联规则代收交易款项。即使持卡人在未结清消费款项的情况下离店(即客户跑单)，收银员也可以在 POS 上手输银联卡号发起预授权完成交易，根据持卡人应结账金额获得付款，无须持卡人在场输入密码。

二、预授权交易操作

(1) 在 POS 界面选择"预授权"功能。

(2) 按提示刷卡。

(3) 输入预授权金额，然后按"确认"键。

(4) 请持卡人输入密码，按"确认"键。如无须密码，可直接按"确认"键。

(5) 交易成功后，POS 自动打印签购单。核对预授权金额以及签购单上打印的账号和卡号相符，并核对持卡人入住单签字和卡背面签名条，与持卡人签名相符后，将签购单妥善保存(无须交持卡人)。

三、预授权交易流程图

预售权交易流程如图 8-6 所示。

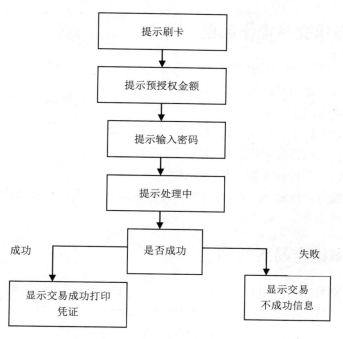

图 8-6　预售权交易流程图

四、预授权交易的注意事项

(1) 预授权的金额只是冻结在持卡人账户上应付的押金金额，并未实际从持卡人账户中扣除。

(2) 预授权交易要注意保存签购单(尤其是预授权号)，因为在预授权完成时要求必须输入预授权号、授权日期等信息，否则预授权完成交易无法完成，商户无法收到结算资金。

(3) 如预计持卡人发生的费用将超出原预授权金额，收银员可先根据持卡人目前实际消费金额，对第一笔预授权交易做预授权完成交易；再预计需要追加的押金金额，发起一笔新的预授权交易，得到新的预授权号码；收银员应对入住单上入住天数进行更新，并由持卡人签名确认；持卡人离店结账时，收银员根据持卡人未结账的实际消费金额，对第二笔新做的预授权做预授权完成交易。

第六节　POS 的预授权撤销交易操作

一、预授权撤销交易的适用范围

如持卡人选择现金或者其他结算方式，收银员应发起预授权撤销交易对持卡人账户资金进行解冻。

二、预授权撤销交易操作流程

(1) 在 POS 界面选择"预授权撤销"功能。

(2) 提示输入主管密码，按"确认"键。

(3) 按提示刷卡或手工输入卡号。

(4) 按提示输入原预授权交易日期，按"确认"键。

(5) 按提示输入原预授权码，按"确认"键。

(6) 按提示输入预授权金额，按"确认"键。

(7) 交易成功后，POS 会自动打印签购单。核对卡号后，将签购单客户联以及原预授权交易签购单退还顾客。

三、预授权撤销交易流程图

预售权撤销交易流程如图 8-7 所示。

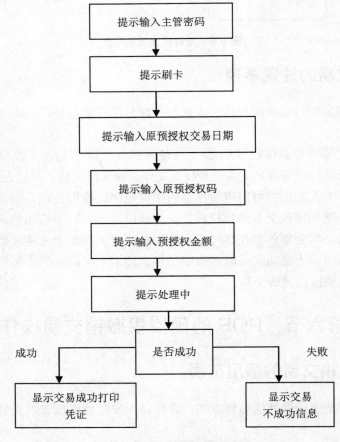

图 8-7　预售权撤销交易流程图

四、预授权撤销交易的注意事项

(1) 预授权撤销交易一般情况下需要主管密码才能撤销。

(2) 预授权撤销交易可在预授权交易发生后 30 天内发起，预授权撤销交易成功后资金将被解冻。如未进行预授权撤销交易，或者预授权撤销交易未成功，预授权所冻结的资金将在 30 天后由发卡银行自动解冻。

五、人工取消预授权交易的操作流程

特殊情况下，如果 POS 暂时无法完成联机预授权撤销操作，为避免冻结持卡人的信用额度，影响其用卡，商户可使用人工预授权撤销操作，具体操作流程如下。

(1) 收银员填写预授权撤销申请单一式两份。

撤销申请单要素包括卡号、预授权撤销日期、预授权发生时间及金额、预授权号码、申请撤销的原因、收银员和收银主管签名并盖财务章确认。

(2) 商户将其中一联和原预授权签购单交持卡人留存。

(3) 商户应在 3 个工作日内将另一联申请单提交收单机构。

第七节　POS 的预授权完成交易操作

一、预授权完成交易的分类方式

预授权完成交易包括三种方式：联机、离线和手工方式，收银员可根据实际需要进行选择。预授权完成金额可在原预授权金额的 115%范围内完成。

正常情况下，收银员可先使用预授权完成联机方式，如联机不成功，可使用离线方式发起预授权完成。如 POS 和网络出现故障无法处理，则收银员可填写预授权完成手工单，提交收单机构进行处理。联机和离线方式均支持手输卡号，不输密码的方式提交。

二、联机方式的预授权完成操作流程

(一)操作流程

(1) 在 POS 界面选择"预授权完成"功能。

(2) 按提示刷卡，或手工输入卡号。

(3) 输入原预授权码、预授权日期，然后按"确认"键。

(4) 输入实际消费金额，然后按"确认"键。

(5) 请持卡人输入密码，按"确认"键。如无须密码直接按"确认"键。

(6) 交易成功后，POS 会自动打印签购单，请持卡人在打印出的 POS 签购单上的签字栏内签名，核对卡号、签名后，将客户联以及原预授权签购单退还顾客。

(二)预授权完成交易流程图

联机方式的预售权完成交易流程如图 8-8 所示。

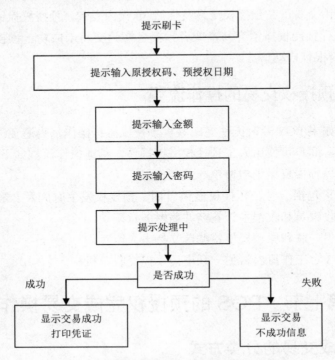

图 8-8　联机方式的预售权完成交易流程图

三、离线方式的预授权完成操作流程

(1) 在 POS 界面选择"预授权完成离线"功能。

(2) 其余操作参照联机方式的预授权完成进行。

四、手工方式的预授权完成操作流程

(1) 收银员填写预授权完成手工单一式两联。要素为：交易类型、卡号、酒店名称、酒店所在城市、交易金额、小费金额(可选)、交易日期、商品或服务的描述、入住日期、离店日期、房间号码、预授权号码、预授权日期、预授权金额、收银员签字等。

(2) 手工单交持卡人签名确认，并将客户回单联和原预授权签购单交持卡人。

(3) 商户将预授权完成手工单，并附上原预授权交易签购单的影印件，在 3 个工作日内提交收单机构。

五、预授权完成交易的注意事项

(1) 预授权完成金额不得大于原预授权金额的 115%。

(2)　每次预授权交易，只能发起一次成功的预授权完成交易。

(3)　预授权完成根据持卡人实际消费金额扣账并参加当批资金清算，同时发卡机构将剩余资金解冻。

(4)　持卡人跑单的特殊情况处理：如发生客人入住时办理了预授权交易，而离店时未履行正常的预授权完成手续进行结账时，商户收银员可通过预授权的联机、离线或手工方式，无须刷卡或输入密码，即可完成交易处理。

第八节　POS 的预授权完成撤销交易操作

一、预授权完成撤销交易操作流程

(1)　在 POS 界面选择"预授权完成撤销"功能。

(2)　提示输入主管密码，按"确认"键。

(3)　按提示刷卡或手动输卡号。

(4)　输入原流水号，然后按"确认"键。

(5)　输入原交易金额，然后按"确认"键。

(6)　交易成功后，POS 会自动打印签购单。核对卡号后，将客户联交持卡人。预授权完成撤销交易一般情况下需要主管密码才能撤销。

二、预授权完成撤销交易流程图

预授权完成撤销交易流程如图 8-9 所示。

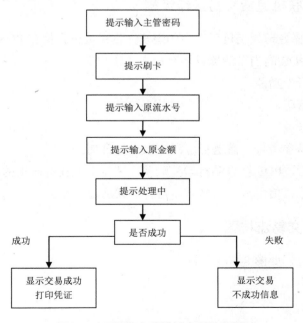

图 8-9　预授权完成撤销交易流程图

第九节　POS 的退货交易操作

一、POS 退货交易的定义

退货交易是指通过 POS 联机方式实现的退货交易。当日 POS 结算处理后，特约商户应持卡人要求，将已经扣账的消费或预授权完成交易款项，退还至持卡人原扣款银行卡账户。

二、POS 退货交易的种类

退货有联机和手工两种方式，并支持部分退货和多次退货。

商户应加强内部风险管理和控制，确定需要开放的 POS 范围或相关责任人，持卡人退货时应提供原始交易签购单等，当持卡人无法提供原始交易签购单时，商户也可依据签购单商户存根联进行查核。

三、POS 联机退货交易的操作流程

(一)当日当批的联机退货交易操作流程

在 POS 未进行结算处理前发生的全额退货，商户可直接通过使用 POS 界面的"消费撤销"功能，实现退货交易，但是"消费撤销"金额必须是原交易的全额。如果是对交易金额进行部分退货，需使用 POS 界面的"退货"功能实现部分退货交易。

(二)批次外的联机退货交易操作流程

在 POS 完成结算处理或当日后发生的退货，收银员可直接在 POS 界面选择"退货"功能，退货资金通过 POS 的当日清算返还至持卡人账户。

(1)　选择"退货"功能。

(2)　输入主管密码。

(3)　按提示刷卡。

(4)　输入原交易参考号、需退货金额、原交易日期。

(5)　交易成功后，POS 会自动打印签购单。请持卡人在打印出的 POS 签购单上的签字栏内签名，核对卡号、信用卡、签名后，将客户联退还顾客。

(三)联机退货交易流程图

联机退货交易流程如图 8-10 所示。

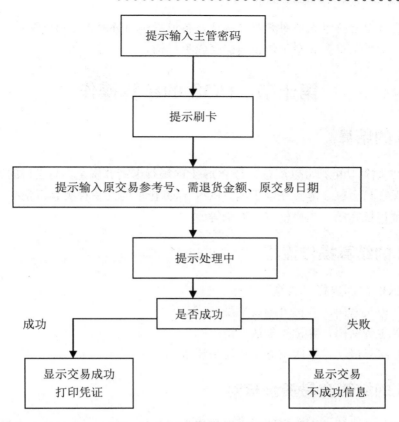

图 8-10　联机退货交易流程图

(四)POS 联机退货交易的注意事项

(1)　退货金额和多次退货累计金额只能小于或等于原交易金额。

(2)　联机退货日期距原始交易日期须在一定时间范围内，收单机构至少支持自交易日起 30 日内的联机退货交易。

(3)　消费撤销与退货交易区别。

①　消费撤销必须是当日当批内完成(未作结账前)；而退货交易可以在当日也可以隔日后进行，可在当批内也可在批次外。

②　消费撤销金额必须与原消费交易金额一致；而退货交易可以全部或部分退款。

③　退货交易一般是应持卡人要求而发起的；而消费撤销交易可由商户主动发起，也可应持卡人要求发起。

四、POS 的手工退货交易操作流程

手工退货交易是指特约商户向收单机构提交退货手工单的方式完成退货。在商户无联机退货功能或退货已超时限的情况下使用。

(1)　特约商户收到持卡人退货要求后，填写退货手工单。

(2) 将退货单交持卡人核对并签名确认，将退货单据持卡人存根联交持卡人保存。

(3) 将退货手工单在 3 个工作日内提交收单机构。

第十节 POS 的结算操作

一、POS 的结算

通过 POS 结算功能，可以汇总该台 POS 上的银行卡清算资金，与当日的签购单逐笔核对交易，确保交易金额、笔数完全正确。POS 结算包括的交易种类有：消费、消费撤销、联机退货、预售权完成、预售权完成撤销等。

二、POS 的结算操作流程

(1) 在 POS 界面选择"结算"功能。

(2) 输入柜员密码，并按"确认"键。

(3) 输入主管密码，并按"确认"键。

(4) 显示结算成功，打印结算单，清空流水。

三、POS 的结算交易资金核对

收单机构与商户约定到账周期，定期将资金划入商户账户。商户应将各周期的 POS 交易资金与向收单机构提交等手工交易进行汇总，汇总结果与实际到账资金进行核对。核对后如发现异常或资金出现不符时，有必要进行逐笔交易核对。商户向收单机构申请提取交易明细，根据收单机构提供的交易明细与自身账务进行逐笔核对，核对不符的，根据实际情况由商户或收单机构进行调整。

练 习 题

自己可以利用假期或课余休息时间去超市、宾馆等场所兼职做收银员工作，掌握 POS 结算中不同处理方式的操作流程。

第九章 网上银行的操作

【学习目标】

掌握网上银行的类型及功能，熟悉网上银行业务流程，了解网上银行的支付方法，发挥网上银行在工作中的优势。

第一节 网上银行概述

一、网上银行的概念

网上银行，也称网络银行，简称网银，就是银行在互联网上设立虚拟银行柜台，使开户、查询、对账、转账、信贷、网上证券、投资理财等传统银行业务，不再通过物理的银行分支机构来实现，而是借助于网络与信息技术手段在互联网上实现。由于它不受时间、空间限制，能够在任何时间、任何地点、以任何方式为客户提供金融服务，因此，网上银行又被称为"3A 银行"。

二、网上银行的分类

1. 按经营模式分为单纯网上银行和分支型网上银行

(1) 单纯网上银行是完全依赖于互联网的虚拟电子银行，它没有实际的物理柜台、没有分支机构和营业网点，一般只有一个办公地址，运用互联网等高科技服务手段，与客户建立密切的联系，从而为客户提供全方位的金融服务。

(2) 分支型网上银行是指现有的传统银行利用互联网开展传统的银行业务，即传统银行利用互联网作为新的服务手段，为客户提供在线服务，实际上是传统银行服务在互联网上的延伸。这是当前网上银行的主要形式。

2. 按主要服务对象分为企业网上银行和个人网上银行

(1) 企业网上银行主要服务于企事业单位，企事业单位可以通过企业网络银行实时了解财务状况，及时调度资金，轻松处理工资发放和大批量的网络支付业务。

(2) 个人网上银行主要服务于个人，个人可以通过个人网络银行实时查询、转账，进行网络支付和付款。

三、网上银行的优点

与传统银行业务相比，网上银行业务具有无可比拟的竞争优势：①开办网上银行业务主要利用公共网络资源，不需设立物理的分支机构或营业网点，可以大大降低银行的经营成本，有效提高银行的盈利能力；②网上银行业务打破了传统银行业务的时空限制，非常方便、快捷、高效，既有利于吸引和保留优质客户，又能主动扩大客户群，开辟新的利润来源。

第二节　网上银行的功能

一、企业网上银行的功能

1. 账户信息查询

账户信息查询业务能够为企业客户提供账户信息的网上在线查询、网上下载和电子邮件发送账户信息等服务，包括账户的昨日余额，当前余额，当日明细和历史明细等。

2. 支付指令

支付指令业务，能够为客户提供集团、企业内部各分支机构之间的账务往来，同时也能提供集团、企业之间的账务往来，并且支持集团、企业向他行账户进行付款。

3. B2B 网上支付

B2B，即企业之间进行的电子商务活动，B2B 网上支付业务，能够为客户提供网上 B2B 支付平台。

4. 批量支付

批量支付业务能够为企业客户提供批量存款，包括同城异地及跨行转账业务；代发工资；一付多收等批量支付功能。企业客户，负责按银行要求的格式生成数据文件，通过安全通道传送给银行，银行负责系统安全及业务处理，并将处理结果反馈给客户。

二、个人网上银行的功能

1. 账户信息查询

系统为客户提供信息查询功能，能够查询银行卡的人民币余额和活期一本通的不同币种的钞、汇余额，提供银行卡在一定时间段内的历史明细数据查询；下载包含银行卡、活期一本通一定时间段内的历史明细数据的文本文件；查询使用信用卡进行网上支付后的支付记录。

2. 人民币转账业务

系统能够提供个人客户本人或他人的银行卡之间的转账业务，在转账功能上严格控制了单笔转账最大额和当日转账最大限额，使客户的资金有一定的保障。

3. 银证转账业务

银行卡客户在网上能够进行银证转账，可以实现银转证、证转银、查询证券资金余额等功能。

4. 外汇委托买卖

客户通过网上银行系统能够进行外汇买卖,主要可以实现外汇即时买卖、外汇委托买卖、查询委托明细、查询外汇买卖历史明细、撤销委托等功能。

5. 账户管理业务

系统提供客户对本人网上银行各种权限功能,客户信息的管理以及账户的挂失。

6. B2C 网上支付

B2C 是指商业机构对消费者的电子商务,主要是企业与消费者之间进行的在线式零售商业活动(包括网上购物和网上拍卖等)。个人客户在申请开通网上支付功能后,能够使用本人的银行卡进行网上购物后的电子支付,通过账户管理功能,客户还能够随时选择使用哪一张银行卡来进行网上支付。

第三节 网上银行的业务流程

一、网上银行的开户流程

客户开通网上银行有如下两种方式。
(1) 客户前往银行柜台办理申请。
(2) 客户先在网上自助申请,然后去柜台签约。
开户时必须出具身份证或有关证件,并遵守有关实名制规定。

二、网上银行的交易流程

(1) 客户使用浏览器通过互联网连接到网银中心,发出网上交易请求。
(2) 网银中心接收并审核客户的交易请求,并将交易请求转发给相应成员行的业务主机。
(3) 成员行业务主机完成交易处理,并将处理结果返回给网银中心。
(4) 网银中心对交易结果进行再处理后,返回相应信息给客户。

三、网上银行的身份认证

交易时,银行采用下列方式验证用户的身份。
(1) 密码。密码和账号两者输入正确后即可成功交易。
(2) 文件数字证书。文件数字证书安装在电脑中,已安装的用户只需输入密码即可,未安装的则无法付款。
(3) 动态口令卡。交易时,银行会随机询问口令卡上某行某列的数字,正确的输入相应的数字，便可成功付款。

(4) 动态手机口令。交易时，银行会向客户预留的手机发送短信，输入收到的短信动态口令便可成功付款。

(5) 移动口令牌。付款时只需按移动口令牌上的键就会出现当前代码，1 分钟内在网上银行付款时可以凭此编码付款。

(6) 移动数字证书。如工行的 U 盾、农行的 K 宝、建行的网银盾、光大银行的阳光网盾等。

第四节　第三方支付

一、第三方支付的概念

第三方支付是指经过中国人民银行批准从事第三方支付业务的非银行支付机构，借助通信、计算机和信息安全技术，采用与各大银行签约的方式，在用户与银行支付结算系统间建立连接的电子支付模式，其中通过手机端进行的称为移动支付。

第三方支付本质上是一种新型的支付手段，是互联网技术与传统金融支付的有机融合，目前国内的第三方支付品牌主要有支付宝、银联商务、拉卡拉、财付通、盛付通、易票联支付、易宝支付、快钱和捷诚宝等。

根据中国人民银行的有关规定，非金融机构提供支付服务，应当取得《支付业务许可证》成为支付机构。未经中国人民银行批准，任何非金融机构和个人不得从事或变相从事支付业务，使用第三方支付可以有效规避交易双方付款而收不到货物，或者收到的货物不符合要求，或者发货后收不到货款的风险；对银行而言，也可以借以迅速拓展业务范围，节省为大量中小企业提供网关接口的开发和维护费用。

二、第三方支付的种类

1. 线上支付

线上支付是指通过互联网实现的用户和商户之间，商户和商户之间的在线货币支付、资金清算等行为。

线上支付有狭义和广义之分，狭义上的线上支付仅指通过第三方支付平台实现的互联网在线支付，包括网上支付和移动支付中的远程支付。广义的线上支付包括直接使用网上银行进行的支付，以及通过第三方支付平台间接使用网上银行进行的支付。

2. 线下支付

线下支付是指通过非现场支付方式进行的支付行为，新型线下支付的具体表现形式，包括 POS 刷卡支付、拉卡拉等自助终端支付、电话支付、手机近端支付和电视支付等。

三、第三方支付的交易流程

1. 开户

使用第三方支付，客户必须在支付机构平台上开立账户，向支付机构平台提供银行卡号、身份证等有关信息。

支付机构应当遵循"了解你的客户"原则，建立健全客户身份识别机制，客户开立支付账户的，支付机构应当对客户实行实名制管理，登记并采取有效措施验证客户身份基本信息，按规定核对有效身份证件，并留存有效身份证件的复印件或者影印件，建立客户唯一识别编码，并在与客户业务关系存续期间，采取持续的身份识别措施，确保有效核实客户身份及其真实意愿，不得开立匿名、假名支付账。支付账户不得透支、出借、出租、出售及利用支付账户从事或者协助他人从事非法活动。

2. 账户充值

客户开户后将银行卡和支付账户绑定。付款前将银行卡中的资金转入支付账户，称为"充值"。

3. 收、付款

客户下单付款时，通过支付平台将自己支付账户中的虚拟资金划转到支付平台暂存，待客户收到商品并确认后，支付平台会将款项划转到商家的支付账户中，支付行为完成。收款人需要资金时，可以将账户中的虚拟资金再转入银行，兑成实体的银行存款。

四、第三方支付的身份验证

支付机构可以组合选用下列三个要素，对客户使用支付账户付款进行身份验证。

(1) 仅客户本人知悉的要素，如静态密码等。

(2) 仅客户本人持有并特有的不可复制或者不可重复利用的要素，如经过安全认证的数字证书、电子签名以及通过安全渠道生成和传输的一次性密码等。

(3) 客户本人生理特征要素，如指纹等。

支付机构应当确保采用的要素相互独立，部分要素的损坏或者泄露不应导致其他要素损毁或者泄露。

五、第三方支付的具体支付流程示例(以支付宝为例)

(1) 消费者及客户在电子商务网站(如淘宝网、京东商城等)选购商品后下订单，这样就与该商品的卖家在网上达成交易意向。

(2) 消费者选择支付宝作为交易中介，使用自己的借记卡或者信用卡，将资金划到自己的支付宝账户，形成支付宝"余额"(即充值)，再使用自己的支付宝账户余额付款(此时"付款"，款项并非直接转到商家的支付宝账户，而是暂时保存在支付宝平台)，并设定收发货期限。

（3）支付宝平台收到货款后，告知商家消费者已经付款，要求商家在规定时间内发货。

（4）商家收到支付宝平台关于消费者已付款的通知后，按消费者所下订单发货，并在网站上做相应记录，消费者可在网站上查看自己所购买的商品出库、发货等状态，如已经发货，后续还会显示物流状况；如果商家没有按照规定的时间发货，则支付平台会通知顾客交易失败，并询问是否将货款划回顾客的支付宝账户，还是暂存在支付宝平台。

（5）消费者收到货并确认后，支付平台便将暂存在平台的款项划转到商家的支付宝账户，交易完成。如果消费者对商品不满意，或者不是自己所要的规格等，或者与商家所承诺不符，可通知支付宝平台拒付货款，并将货物退回商家，消费者已经支付的货款会退回自己的支付宝账户。商户需要资金时，可以将自己支付宝账户中的虚拟资金再转到银行，兑成实体的银行存款取出。

六、第三方支付账户管理规定

（1）支付机构应根据客户身份对同一客户在本机构开立的所有支付账户进行关联管理，并按照下列要求对个人支付账户进行分类管理。

① 对于以非面对面方式通过至少一个合法安全的外部渠道进行身份基本信息验证，且为首次在本机构开立支付账户的个人客户，支付机构可以为其开立Ⅰ类支付账户，账户余额仅可用于消费和转账，付款交易自账户开立起累计不超过 1 000 元(包括支付账户向客户本人同名银行账户转账)。

② 对于支付机构自主或委托合作机，以面对面方式核实身份的个人客户，或以非面对面方式通过至少三个合法安全的外部渠道，进行身份基本信息多重交叉验证的个人客户，支付机构可以为其开立Ⅱ类支付账户，账户余额仅可用于消费和转账，其所有支付账户的余额付款交易年累计不超过 10 万元(不包括支付账户向客户本人同名银行账户转账)。

③ 对于支付机构自主或委托合作机构，以面对面方式核实身份的个人客户，或以非面对面方式通过至少五个合法安全的外部渠道，进行身份基本信息多重交叉验证的个人客户，支付机构可以为其开立Ⅲ类支付账户，账户余额可以用于消费、转账以及购买投资理财等金融类产品，其所有支付账户的余额付款交易年累计不超过 20 万元(不包括支付账户向客户本人同名银行账户转账)。

（2）支付机构办理银行账户与支付账户之间转账业务的，相关银行账户与支付账户应属于同一客户。支付机构应按照与客户的约定及时办理支付账户向客户本人银行账户转账业务，不得对Ⅱ类、Ⅲ类支付账户向客户本人银行账户转账设置限额。

（3）因交易取消(撤销)、退货、交易不成功或者投资理财等金融类产品赎回等原因，需划回资金的相应款项，应当划回原扣款账户。

（4）支付机构应根据交易验证方式的安全级别，按照下列要求对个人客户使用支付账户余额付款的交易进行限额管理。

① 支付机构采用包括数字证书或电子签名在内的两类(含)以上有效要素进行验证的

交易，单日累计限额由支付机构与客户通过协议自主约定。

② 支付机构采用不包括数字证书电子签名在内的两类(含)以上有效要素进行验证的交易，单个客户所有支付账户单日累计金额应不超过 5 000 元(不包括支付账户向客户本人同名银行账户转账)。

③ 支付机构采用不足两类有效要素进行验证的交易，单个客户所有支付账户单日累计金额应不超过 1 000 元(不包括支付账户向客户本人同名银行账户转账)，且支付机构应当承诺无条件全额承担此类交易的风险损失赔付责任。

练 习 题

采用网上银行支付方式，进行相关操作。

参 考 文 献

[1] 车立秋. 财经基本技能[M]. 北京：中国金融出版社，2009.

[2] 杨印山. 会计基本技能[M]. 北京：中国人民大学出版社，2010.

[3] 言玉康. 会计基础技能实训[M]. 上海：立信会计出版社，2017.